KB215224

# 오늘부터 나는 브랜드가 되기로 했다

# 오늘부터 나는 브랜드가 되기로 했다

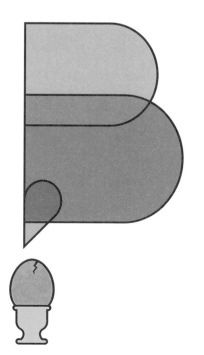

매력적인 브랜드
이야기에서 발견한
자기 발굴 노하우

김키미 지음

whale  books

# 브랜딩에 대한 오해

내추럴 와인이 뭔지 알고 마시는 사람이 몇이나 될까? 좋은 거라고는 하는데 정확히 왜 좋은지는 들어도 잘 모르겠고, 마셔도 알쏭달쏭한 와인. 근사해 보여서 한두 번 만나긴 했지만 왠지 친해지기 어려운 대상. 사람들에게 브랜딩도 그런 존재다.

브랜딩이 어렵게 느껴지는 이유는 사실 오해 탓이 크다. '마케팅 비슷한 것'이라는 오해다. 눈에 보이지 않고 손에 잡히지 않는 개념을 인지할 때 흔히 그렇듯, 기존에 어느 정도 알고 있던 개념에 빗대어 적당히 규격화하는 것이다. 그래서 브랜딩은 마케팅, 광고, PR과 더불어 '잘 파는' 행위쯤으로 뭉뚱그려 인식된다.

엄밀히 말하면 '마케팅 비슷한 것'은 브랜딩의 목적 또는 결과다. 브랜딩을 목적으로 잘 파는 행위를 하거나, 잘 파는 행위를 한 결과 브랜딩이 이루어지는 것이다. 따라서 마케팅, 광고, PR과 브랜딩을 동일 레벨로 두어서는 안 된다. 브랜딩이 상위 레벨이다.

브랜딩에 대한 오해는 '브랜드 마케터'라는 나의 직업에도 영향을 미친다. 브랜드 마케터라고 하면 사람들은 나를 '잘 파는 일'을 하는 사람이라고 여긴다. 물론 잘 파는 일도 한다. 하지만 잘 파는 일은 브랜드 마케터의 일 중 일부이지, 전부가 아니다.

카카오의 콘텐츠 퍼블리싱 플랫폼 브런치에서 나의 일은 브랜딩이 전부다. 브랜딩이 모든 것을 아우른다. '글이 작품이 되는 공간'이라는 슬로건에 걸맞은 일, 브런치 작가에게 동기를 부여하고 그들을 명예롭게 하는 일, 좋은 글을 발굴하고 좋은 글의 가치를 세상에 알리는 일 등이 그것이다.

'마케팅' 하면 으레 떠올리는 기발한 아이디어나 숫자로 증명하는 지표는 '브랜딩' 과정 중 적재적소에 스밀 뿐이다. '얼마나 많은 사람에게 브런치를 알렸는가'보다는 '사람들에게 브런치가 어떤 이미지로 각인되는가'가 훨씬 중요하다. 잘 파는 데 치우쳐 브랜드 가치를 훼손해서는 안 된다. 그래서 나는 브랜드 마케터의 일을 '장인 정신과 상인 정신 사이의 균형'이라고 정의한다. 어느 한쪽으로 기울어지지 않기 위해 늘 애써야 하는 일이기 때문이다.

퍼스널 브랜딩이 부각되는 시대. 브랜딩에 대한 오해는 퍼스널 브랜딩도 어렵게 만든다. 사람들은 "퍼스널 브랜딩을 해야 한다는 건 알겠는데 어떻게 해야 할지 모르겠다"라고 말한다. 마케팅 비슷한 것을 어떻게 해야 할지 고민하며 알쏭달쏭해하는 것이다.

많은 사람에게 알려지는 것 자체가 목적이라면 마케팅을 하면 된다. 이때 '나를 잘 파는' 행위는 필수다. 그러나 사람들에게 어떤 이미지로 각인되는지가 더 중요하다면 '나를 잘 파는' 행위에만 매몰되어서는 안 된다.

훌륭한 개인 브랜드는 장인 정신과 상인 정신의 비율을 스스로 조절하며 균형을 맞춘다. 중요한 건 SNS 팔로워 수 높이는 법을 고민하기 이전에 팔로워들에게 내가 어떤 이미지로 자라나고 있는지 이해하는 것이다. 그리고 사람들에게 어떤 이미지로 각인되고 싶은지를 스스로 정의하는 것이다. 나다움에 대한 고민을 브랜드다움으로 연결하는 작업이다.

이 책은 그 브랜드다움을 찾아가는 나의 실험 노트다.

브랜드의 레퍼런스는 브랜드여야 마땅하다. 내추럴 와인과는 친하지 않지만 브랜딩과 친한 나는 레퍼런스 브랜드들을 관찰했다. 브랜딩 잘하는 기업 브랜드들을 롤 모델 삼아 따라 하다 보면 나도 브랜딩 잘하는 개인 브랜드가 될 수 있을 거라 판단했기 때문이다. 그래서 다음과 같은 가설을 세우고 실험했다.

훌륭한 기업 브랜드 전략에 '나'를 대입시키면 나라는 브랜드의 퍼스널 브랜딩 전략을 세울 수 있을 것이다.

평소 관심 있게 지켜보던 브랜드 중에서 스무 곳을 선정했다. 아마존, 애플, 인스타그램, 에어비앤비처럼 누구나 아는 브랜드와 매거진 〈B〉, 아무튼 시리즈, 〈뉴닉〉, 츠타야처럼 이 책의 타깃 독자라면 알 만한 브랜드들이다. 그리고 각 브랜드를 분석하며 주요한 인사이트를 하나씩 도출했다.

이를테면, 많은 사람이 불러주는 이름으로 브랜드명을 바꾼 왓챠, **Not to do** 원칙으로 한 세기 넘게 브랜드 소명을 지키고 있는 《미쉐린 가이드》, 브레인트러스트라는 피드백 시스템으로 세계 최고의 작품을 만들어내는 픽사 등의 스토리가 그것이다. 이렇게 스무 곳의 브랜드 스토리에서 발견한 각각의 브랜딩 전략을 나에게 대입했다.

왓챠처럼 많은 사람이 불러주는 이름으로 나의 필명 정하기. 미쉐린처럼 무엇을 To do로 두고 무엇을 Not to do로 둘지 기준을 정하고 실행하기. 픽사처럼 나만의 브레인트러스트를 만들어 피드백받기 등등. 덕분에 이 책의 초안을 쓸 때 피드백을 받으며 방향을 잡았고, 무수한 Not to do를 수행하며 단 하나의 To do였던 탈고를 향해 달렸다. 그리고 김키미라는 이름으로 출간하기에 이르렀다.


퍼스널 브랜딩 책을 쓴다고 했을 때 지인들은 "궁금하다, 빨리 읽고 싶다"라고 응원해 주었다. 그리고 덧붙였다. "책 제목에는 '브랜드'나 '브랜딩'이라는 단어가 들어가지 않는 게 좋을 것 같다"라고. 안 그래도 어려운 퍼스널 브랜딩, 책까지 어려워 보이면 독자들이 다가가지 못할지도 모른다는 우려였다.

일리 있는 조언에도 불구하고 제목에 기어코 '브랜드'를 끼워 넣었다. 책을 쓰면서 모든 사람이 브랜드가 될 수 있다는 믿음이 생겼기 때문이다. 그리고 또 하나. "퍼스널 브랜딩을 해야 한다는 건 알겠는데 어떻게 해야 할지 모르겠다"라고 말하는 사람이라면 그 어려운 방향으로 한 스텝 내디딜 준비가 되어 있으리라 믿었다. 내가 그랬던 것처럼 말이다.

이제 "오늘부터 나는 브랜드가 되기로 했다"라는 나의 결심을 띄워 보낸다. 당신의 결심으로 전염되기를 바라며.

# 차례

## 1부  내 안의 브랜드 정체성 깨우기

## 2부  직업인의 브랜드 자산 키우기

— **일러두기**

본문에 사용한 기호는 다음과 같이 원칙을 정해 사용했습니다.

• 잡지, 영화, 뉴스 매체 〈 〉

• 단행본 《 》

• 웹페이지 자료 및 기사 " "

— 이 책에 삽입된 도판과 발췌문 중 저작권 사용을 허락받지 못한 부분은 추후 저작권법에 따라 계약을 진행하겠습니다.

1부

내 안의
브랜드
정체성
깨우기

DON'T BUY
THIS JACKET

SEOUL

# 01 　브랜드 색안경 끼고 거울 보기

매거진 〈B〉

## 브랜드 마케터의 필독서

브랜딩하는 사람에게도 브랜드는 어렵다. 브랜드 마케터인 나는 일과 일상의 모호한 경계를 넘나들며 매일 조금씩 브랜드를 배워가고 있다. 가장 확실한 배움의 보고는 뭐니 뭐니 해도 책. 경영서나 실용서도 좋지만 트렌드에 민감해야 하는 직업 특성상, 인사이트를 살찌우게 해주는 건 아무래도 잡지다.

매거진 〈B〉는 한 호에 하나의 브랜드만을 선정해 깊이 있게 다루는 브랜드 다큐멘터리 매거진이다. 2011년 창간호 프라이탁 편을 시작으로 전 세계에서 찾아낸 균형 잡힌 브랜드를 소개

한 지 10년째. 현재까지 85개의 브랜드 다큐멘터리를 선보였다. (2021년 3월 기준)

브랜드 마케터의 필독서인 〈B〉는 뉴발란스, 러쉬, 레고 등 익숙해서 잘 알고 있다고 생각했던 브랜드도 새롭게 들여다보게 한다. 구글, 넷플릭스, 인스타그램, 유튜브 같은 온라인 플랫폼도 브랜드적 관점으로 분석한다. 광고하지 않는 뷰티 브랜드 이솝, 라이프스타일을 파는 서점 츠타야, 힙스터들의 커뮤니티 에이스 호텔처럼 몰랐던 브랜드도 알게 한다.

〈B〉가 선정하는 브랜드에 대한 신뢰는 〈B〉라는 브랜드에 대한 신뢰로 이어졌다.


## 브랜드특별시의 시민

2016년, 매거진 〈B〉는 50번째 브랜드로 서울을 택했다.

신선한 충격이었다. 전 세계에서 찾아낸 균형 잡힌 브랜드로 줄곧 기업 브랜드만을 소개해 온 〈B〉에서 도시를 브랜드로 다룬 것이다. "우리가 사는 이 도시도 당신이 좋아하는 모 브랜드만큼 균형 잡힌 브랜드입니다"라는 관점으로.

서울의 패션, 서울의 라이프스타일, 서울의 주거 문화 등이

〈B〉에 의해 스타일리시한 브랜드 요소로 소개되었다. 서울의 전통 시장을 '도심 속 플랫폼으로서 비즈니스의 가능성을 발견하는 곳'이라 정의했고, 서울의 카페는 '공간과 커피가 공존하는 독특한 문화'로 해석했다.

이는 꽤나 상징적인 사건이었다. 특히 나처럼 〈B〉를 통해 브랜드라는 세계에 발 들여놓은 브랜드 키즈에게는 '브랜드란 무엇인가?' 하는 원론적인 질문이 주어진 것과 같았다.

서울이 브랜드라면 대한민국도 브랜드가 될 수 있다. 광화문은 또 어떠한가. 엽전 도시락으로 유명한 통인시장도, 줄 서서 먹는 기름 떡볶이나 마약 김밥도 브랜드라면 브랜드. 바다 건너 뉴욕의 타임스 스퀘어도, 런던의 언더그라운드도, 뮌헨의 옥토버페스트도 이미 너무나 유명한 브랜드다.


## 브랜드에는 경계가 없다

브랜드가 대체 뭐길래 이렇게 유연한 걸까?

브랜드(brand)라는 단어는 '불에 달구어 지진다'는 의미의 노르웨이 고어 'brandr'에서 유래되었다. 불에 달군 쇠붙이로 가축에 낙인을 찍어 소유물을 식별하던 일종의 표(標)가 오늘날 브랜드로 발전한 것이다.

식별의 기능은 고대 그리스와 로마 시대에도 쓰였다. 당시에
는 문맹률이 높았기 때문에 상점마다 이름 대신 상점을 상징하
는 그림이나 표시를 걸었다. 지금으로 치면 로고다. 그런 의미에
서 기독교의 십자가와 불교의 만(卍)자, 국가의 국기도 식별 기
능을 하는 브랜드라 할 수 있다.

하지만 현대의 브랜드는 다르다. 각각의 상점, 종교, 국가도
브랜드가 될 수 있다. 애플과 나이키 같은 거대 기업만 브랜드가
되는 게 아니라는 것쯤은 이제 브랜드 전문가가 아니어도 알고
있는 사실. 오늘날 브랜드는 완전한 보더리스(borderless)의 영역
에 있다. 기업, 도시, 단체, 인물 등의 고유명사는 그것이 무엇이
든 브랜드가 될 수 있다.

브랜드는 날이 갈수록 더 광의적인 의미를 향해 간다. 더더욱
광의적인 의미로 넓혀간다.


## 브랜드 다음은 사람

매거진 〈B〉에서 다루는 브랜드적 관점도 한층 넓어졌다.

그 시작은 2019년 〈B〉에서 처음 내놓은 단행본《잡스》시리

2018년 12월 매거진 〈B〉는 서울 편의 개정판을 내놓았다.
개정판에서는 'Connections'라는 꼭지로 서울의 교통을 주요하게 다뤘다.
©김키미

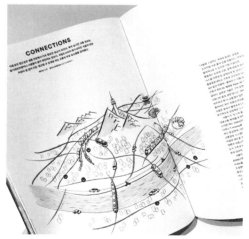

즈. 한 호의 매거진에 하나의 브랜드를 소개했던 것처럼《잡스》에서는 한 권의 단행본에 하나의 직업을 다룬다. 직업인들과 나눈 대화가 담긴 직업 다큐멘터리 시리즈다.

언뜻 보면 새삼스러울 수 있다. 브랜드만 다루던 매체에서 왜 갑자기 직업 얘기를 하지?《잡스》기획 배경에 그에 대한 답이 나와 있다.

**많은 사람이 매력적으로 느끼는 브랜드에는 자신만의 직업의식을 지닌 매력적인 사람이 있고, 일에 대한 태도와 가치관은 곧 브랜드의 철학과 정신으로 자연스레 이식됩니다.**

_제이오에이치 편집부,《잡스 - 에디터》

수년간 브랜드 다큐멘터리 매거진을 만들면서 그들이 발견한 가치는 '사람'에 있었다. 좋은 브랜드에는 반드시 좋은 철학을 가진 직업인이 있다는 것. 때문에 그 직업인의 이야기를 다룬《잡스》는 매거진 〈B〉가 지금까지 해온 브랜드 이야기의 확장판이라 할 수 있다.

멀리서 보면 직업 세계를 알려주는 듯하다. 하지만 가까이 들어가면 직업인 한 명 한 명의 이야기가 들린다. 거기에는 직업과는 상관없어 보이는 지극히 개인적인 이야기도 포함돼 있다.

나에게는 그것이 개개인의 '브랜드다움'으로 보였다. 매거진 〈B〉는 브랜드 다음으로 사람을 조명해 또 그 안에서 브랜드다움을 찾아냈다. 사소해 보일 수 있는 습관이나 관점들이 모여 한 사람을 이루고, 그 사람이 브랜드로 이어진다는 걸 독자들에게 은유적으로 설명한다. '직업인'이라는 단어를 빌려 한 명 한 명의 '브랜드형 인간'을 소개하는 것이다.

## 스스로 브랜드가 된 사람

브랜딩하는 사람도 '나'라는 브랜드가 어렵다. 그래서 이 또한 끊임없이 공부한다. 브랜드에 대한 감각을 잃지 않으려고, 브랜드적 관점으로 세상을 보는 데 익숙해지려고 브랜드라는 색안경을 낀다.

브랜드 색안경을 끼고 세상을 보면 무엇이든 브랜드다. 거울 속에 있는 '나'도 브랜드가 될 수 있음은 물론이다.《잡스》시리즈를 기획·제작한 손현 에디터도 일찍이 그 사실을 깨달았다.

손현에게 에디터 경력이 전무했을 당시, 그는 '〈B〉에서 글 좀 쓰고 이미지에 감각 있는 사람을 원한다'는 정보를 입수했다. 자

《잡스》시리즈.
지금까지 에디터, 셰프, 건축가, 소설가 편이 나왔다.
©매거진 〈B〉

기 어필의 방법으로 그는 포트폴리오 제작을 택했다. 한 호에 하나의 브랜드만을 담는 〈B〉의 포맷을 빌려 '손현'이라는 브랜드를 소개하는 포트폴리오였다.

매거진 〈B〉 '손현' 버전이라고. 저를 셀프 브랜딩 해서 하나의 브랜드처럼 〈B〉 포맷에 담았어요. 판형이랑 종이 재질까지 똑같이요. 〈B〉를 보면 유저 인터뷰가 세 개 정도 있잖아요. 자문자답하는 인터뷰 두 개 싣고, 친구한테 "나 좀 인터뷰해줘" 해서 그것도 싣고, 학생 때 했던 아카데미 워크 하나 넣고, 글 좀 쓰는 걸 보여줘야 되니까 제가 썼던 에세이도 다섯 편 넣고, 사진 찍었던 것도 넣고 이런 식으로 해서. 그땐 인디자인을 다룰 줄 몰라서 포토샵으로만 만들었어요. 세 달 정도 걸려서.

그리고 그는 뒤표지 한쪽에 이런 문구를 적었다.

**THIS IS NOT A PORTFOLIO.**
**THIS IS MY MAGAZINE.**

제출이 목적인 포트폴리오였지만 그것 그대로 손현이라는 브랜드의 매거진이었다.

매거진 〈손현〉.
매거진 〈B〉와 나란히 세워도 이질감이 느껴지지 않는다.
콘텐츠 구성과 디자인도 매거진 〈B〉의 특징을 잘 살렸다.
©김키미

그의 열정과 태도를 높이 평가한 〈B〉는 객원 멤버로 리서처 및 에디터 포지션을 제안했다. 정식 채용은 아니었지만 처음으로 얻은 귀한 기회였다. 당시 화학 공장을 설계하는 플랜트 엔지니어로 일하던 그에게는 그때가 커리어의 주요한 변곡점이었다.

그는 이후 퍼블리 초기 멤버로 합류해 본격적으로 에디터 커리어를 쌓았다. 그리고 2년 4개월 뒤 매거진 〈B〉 편집부에 정식으로 합류했다. 〈B〉 취재와 《잡스》 시리즈 제작을 병행했다. 그리고 지금은 터전을 옮겨 에디터로서의 또 다른 도전을 하고 있다.

## 브랜드형 인간으로 살기

손현은 〈에디터의 글쓰기〉를 통해 매거진 〈손현〉을 만들면서 시도한 다섯 가지 자기 탐색법을 소개했다.

첫째, 직접 쓴 글이나 사진, 진행했던 프로젝트 등 나를 잘 드러내는 작업을 모아서 정리해 본다.

둘째, 스스로 기획해 자문자답하는 셀프 인터뷰를 진행해 본다.

셋째, 타인에게 내 인터뷰를 요청해 미처 몰랐던 나의 모습,

타인이 보는 나의 모습을 발견하는 계기를 만든다.

넷째, 주변 사람들에게서 나에 대한 피드백을 수집해 내 이미지를 키워드로 정리해 본다.

다섯째, 살아온 과정을 특정 주제에 맞춰 시간순으로 정리해 봄으로써 인생 전반을 주체적으로 재구성해 본다.

이는 매거진 〈B〉에서 하나의 브랜드를 다큐멘터리화하는 과정과도 같다. 브랜드마다 특징을 잡아내어 정리한 기획 기사들, 브랜드 창립자 및 관계자의 인터뷰, 브랜드 팬들의 짧은 코멘트와 긴 인터뷰, 그리고 브랜드의 시작부터 현재까지를 담아낸 브랜드 스토리가 그것이다.

지금의 브랜드와 비슷한 단어를 찾자면 거시기 아닐까. 브랜드와 거시기, 둘 다 표준국어대사전에 등록되어 있다. 국어사전에서는 거시기를 "이름이 얼른 생각나지 않거나 바로 말하기 곤란할 때 쓰는 말"이라고 풀이한다. 학자들은 이 말에 대해 "확실한 뜻을 갖지 못하면서, 서로의 뜻을 가장 정확히 주고받을 수 있는 말"이라고 평가한다. 즉, 너와 내가 알고 있는 '그것'인데 아무도 정확한 뜻을 모르는 상황.

_손현, 〈에디터의 글쓰기〉

브랜드는 '거시기'할 정도로 모호하다면 무척이나 모호한 영역이고 두루뭉술한 개념이다. 하지만, 그러므로, 누구나 쟁취할 수 있는 것이기도 하다.

'브랜드를 형성하는 것 자체가 곧 브랜드다'라는 말이 있다. 나와 나의 동료, 나의 친구들, 그리고 당신처럼 평범한 개인도 브랜드가 될 수 있다. 브랜드가 되기 위한 자격 요건 같은 건 없다. 브랜드다/아니다를 감정하는 주체도 없다. 그저 스스로 브랜드가 되기로 결심하고 브랜드형 인간으로 살면 브랜드인 것이다.

"오늘부터 나는 브랜드가 되기로 했다" 하면 내가 살아온 삶은 브랜드 스토리가 된다. 나의 이름은 브랜드명이 된다. 나의 SNS는 브랜드 채널, 내가 만든 콘텐츠는 브랜드의 주력 제품이 된다. 나의 이름을 건 매거진 〈B〉를 만들 수도 있다.

브랜드 색안경을 끼고 보면 인생은 B(Brand)와 D(Daily) 사이의 C(Choice)다. 브랜드가 되기를 선택하거나 지금과 같은 일상을 살거나. 결정은 오로지 스스로에게 달렸다.

**참고 자료**

–      제이오에이치 편집부, 〈매거진 B(Magazine B) No.50:
        Seoul〉(2018.12), 제이오에이치.

–      "브랜드란 무엇인가?", 한국브랜드경영협회.

–      김키미, "에디터 _____의 일", 브런치, 2018.11.25.

–      손현, 〈에디터의 글쓰기〉, 폴인, 2020.12.30.

# 02 　브랜드 정체성을 찾는 집착적인 질문법

파타고니아

## 나만 알고 싶은 브랜드

"퍼스널 브랜딩을 해야 한다는 건 알겠는데, 어떻게 해야 할지 모르겠어요. 스피커 분들은 어떻게 자신을 브랜딩하고 있나요?"

어느 강연 자리. 누군가 손을 들고 질문했다. 퍼스널 브랜딩이 부각되는 시대에 많은 사람이 하고 있는 고민이었다.

할 수만 있다면 나도 같은 질문을 하고 싶었다. 그러나 그 자리에 나는 4인의 스피커 중 한 명으로 참여한 터라, 답을 해야 하는 처지. 눈치를 보아 하니 다른 스피커들도 나랑 비슷한 생각을 하고 있는 것 같았다.

'퍼스널 브랜딩을 어떻게 해야 되는지, 저도 알고 싶어요!'

어쩔 수 없이 나는 나름대로 고민하고 있던 '자기 객관화'에 대해 언급했다. 다른 스피커들은 "'이 일 하나만큼은 내가 했다'는 족적을 남길 수 있도록 프로젝트 단위로 일하려고 한다", "하고는 싶은데 부끄러워서 못 하겠다"고 했다. "사실 내가 하는 일을 알려야 할 필요성을 모르겠다"는 의견도 있었다. 그러던 중 한 스피커가 이런 발언을 했다.

"브랜드라는 게 많이 알려져야만 브랜드인 건 아니잖아요. 나만 알고 싶은 브랜드도 있는 거니까요."

당시 나는 퍼스널 브랜딩이 정확히 뭔지도 모른 채 '꼭 해야 한다'는 확신 같은 게 있었다. 그러나 그날 강연 이후 확신은 의심으로 바뀌었다. 퍼스널 브랜딩을 하고 싶다고 말하면서 사실은 '인플루언서'를 꿈꾸고 있는 건 아닌가 자각했기 때문이다.

'나만 알고 싶은 브랜드'라는 건 나의 선택지에 없었다. 브랜드라면 모름지기 유명해야 했다. 그게 나쁘다는 건 아니지만, 적어도 나에게 솔직하진 못했다. 뒤늦게라도 솔직해지자 싶어 나에게 물었다.

"왜 인플루언서가 되고 싶어?"

아무리 생각해도 납득할 만한 답이 떠오르지 않았다. '되면 좋지' 정도의 생각. 뭐가 좋은지, 왜 좋은지는 고민해 본 적이 없었다. 맹목적으로라도 유명해지고 싶다거나, 영향력을 가져서 무언가를 이루고 싶다는 목표를 그려본 적도 없었다. 사실은 인플루언서가 되고 싶은 것인지조차 확실치 않았다.

"그러면, 퍼스널 브랜딩을 왜 하고 싶어?"

이 질문에는 열심히 답할 수 있었다.

'나의 수식어에서 회사 이름을 떼어내는 날이 왔을 때 아무것도 아닌 사람이 되면 어쩌지?' 하는 불안을 해소하기 위해서. 어렵게 들어간 회사에서 꿈꾸고 있던 일을 하고 있으면서 역설적이게도 같은 이유로 불안을 느끼는 이 상황을 해결하고 싶어서. 왜인지 모르겠지만 퍼스널 브랜딩에 그 실마리가 있는 것 같아서. 해보고 아니면 다른 실마리를 찾아가면 되니까.

## 브랜딩에 대한 오해

왜 퍼스널 '마케팅'이 아니라 퍼스널 '브랜딩'일까?

마케팅은 타인에게 "저는 좋은 사람입니다"라고 말하는 것이다.

브랜딩은 타인으로부터 "당신은 좋은 사람이군요"라는 말을 듣는 것이다.

둘의 차이는 크다. "저는 좋은 사람입니다"라고 말하면서 '자신을 직접 알리는 행위'가 마케팅이라면, 브랜딩은 '타인이 자신을 알아보게 하는 행위'라고 할 수 있다. 확실히 다른 개념임에도 불구하고 마케팅과 브랜딩은 하나로 퉁쳐지는 경향이 있다. '홍보 방법' 정도로 뭉뚱그려 해석된다.

마케팅과 브랜딩의 차이는 SNS에서 확실히 드러난다. 사람들은 SNS에서 저마다의 방식으로 "저는 좋은 사람입니다"를 말한다. 누구나 마케터가 될 수 있고, 모두가 마케터라고 할 수 있다.

그중 유독 눈에 띄는 마케터에게서는 일관성이 엿보인다. 무작정 "저는 좋은 사람입니다"를 말하는 게 아니라, 팔로워들에게 '좋은 사람'이라는 이미지가 스며들도록 SNS를 디자인한다.

한편 어떤 이들은 확성기에 대고 큰 소리로 "저는 좋은 사람입니다!!!"라고 외치거나, "저는 좋은 사람입니다. 저는 좋은 사람입니다. 저는 정말로 좋은 사람입니다"라고 반복적으로 말하면서 노이즈를 만든다. 좋은 사람으로 여겨지기는커녕 언팔로우를 당하게 된다.

마케팅은 나에게서 일어나는 것이지만 브랜딩은 상대의 인식 속에 생겨나는 것이다. 마케팅을 통해 아무리 좋은 사람이라는 걸 알린다 한들, 상대가 나를 좋은 사람이라고 생각하지 않으면 브랜딩은 실패다.

그렇다면 스팸이 아닌 마케팅으로, 내가 원하는 이미지를 타인에게 심어주려면 어떻게 해야 할까? "저는 좋은 사람입니다"에서 '좋은'에 해당하는 나의 정체성을 먼저 발견해야 할 것이다.

퍼스널 브랜딩이란 바로 그 정체성을 발견하는 과정이다.


## 정체성을 아는 브랜드

북한산 인수봉에는 '쉬나드길'이라는 이름의 암벽등반 코스가 두 개 있다. 산에서 자신의 정체성을 발견한 클라이머 이본 쉬나드의 흔적이다.

어려서부터 절벽을 타던 쉬나드는 클라이밍 장비를 직접 만들어 썼다. 그리고 그것을 트럭에 싣고 다니며 팔았다. 클라이밍을 위한 여행 경비를 마련하기 위해 시작한 일이었다.

그가 만든 개량형 피톤(piton)은 뜨거운 반응을 보였다. 자기 목숨을 걸어 제품 테스트를 해야 하니 좋은 제품이 나올 수밖에 없었다.

수요가 늘어나자 아예 회사를 차렸다. 허름한 대장간에 쉬나드 이큅먼트(Chouinard Equipments. Co. Ltd)라는 간판을 달았다. 뛰어난 클라이머가 뛰어난 클라이밍 장비를 만드는 회사였다. 1970년경에는 미국에서 가장 큰 장비 회사가 되었다. 그대로 탄탄대로를 가는 줄로만 알았다.


어느 날 쉬나드는 요세미티 엘 캐피탄의 봉우리가 망가져 가는 걸 목격했다. 자신이 개발한 피톤 때문에 자연이 훼손되고 있는 것이었다.

피톤은 바위의 갈라진 틈새에 박아 넣어 중간 확보물로 쓰는 금속 못이다. 등반을 하는 사람이 많아지면 많아질수록 바위가 손상된다는 걸 뒤늦게 깨달은 쉬나드에게는 다른 선택의 여지가 없었다.

그는 창립 이래 개발한 모든 피톤의 생산을 중단시켰다. 그리고 알루미늄 초크를 개량해 대체품을 만들었다. 바위 틈 사이에 걸어서 쓰는 방식으로 바위를 거의 훼손하지 않고 등반할 수 있는 제품이었다. 거기서 그치지 않았다.

그는 피톤 때문에 벌어진 환경 파괴를 알리고 초크 사용을 촉진하기 위해 카탈로그를 만들었다.

깨끗하게 올라야 합니다. 왜냐하면 우리 다음으로 이 바위에 오를 등반가들이 있기 때문입니다.

깨끗하게 올라야 합니다. 바위에 망치로 피톤을 박고 빼는 일은 바위에 상처를 입힙니다. 우리 다음에 오를 등반가들의 자연스러운 경험을 망가뜨립니다.

깨끗하게 올라야 합니다. 등반하는 동안 등반가는 바위에 흔적을 거의 남겨서는 안 됩니다.

_1972년 쉬나드 이큅먼트 카탈로그 중

고객들에게 카탈로그를 발송한 뒤 피톤 판매가 점점 줄었다. 대신 초크 판매가 급격히 늘어났다. 초크를 만드는 속도보다 팔리는 속도가 빨랐다.

회사 매출의 70퍼센트를 책임질 정도의 대표 상품이었던 피톤을 단종시키겠다는 쉬나드의 결정을 만류하는 사람이 많았다. 하지만 그에게 그것은 '해야만 하는' 결정이었다. 노인이 된 지금도 자신을 클라이머라고 칭하는 그의 정체성은 산과 자연, 그리고 지구에 있기 때문이다.

그 정체성은 이후 그가 창립한 파타고니아(patagonia)에도 그대로 이식되었다.


## '왜' 이렇게까지 할까

파타고니아는 소비자들에게 자신들의 제품을 사지 말라고 말한다. 꼭 필요한 제품인지 고민해 보기를, 적게 소비하기를 권한다. 재킷을 사지 말고 고쳐 입기를, 아버지의 재킷을 아들에게 물려주기를 권한다. 그러면서 오래 입을 수 있는 최고의 제품을 만들겠다고 약속한다.

매년 매출의 1퍼센트를 환경단체에 기부한다. 수익이 아니라 매출의 1퍼센트다. 파타고니아는 이 금액을 '지구를 위한 1퍼센트', 지구세(Earth Tax)라고 부른다.

모든 제품 생산/유통 과정에 친환경 기술을 도입하는 건 기본이다. 2025년까지 100퍼센트 탄소 중립 기업이 되겠다고 선언

쉬나드 이큅먼트 대표 상품이었던 개량형 피톤과
차세대 대표 상품이 된 알루미늄 초크
©파타고니아

했다. 제품 공정 등 생산 공급망 전체에서 발생할 수 있는 이산화탄소 문제를 완벽히 해결하겠다는 방침. '매장에 불을 밝히는 일부터 셔츠를 염색하는 과정까지, 우리가 하는 모든 사업 행위가 환경에 피해를 준다는 사실을 알고 있다'면서 자신들이 지구를 위해 무엇을 행할 수 있는지 끊임없이 연구하고 실천한다.

그래서 파타고니아의 행보에는 '파타고니아답다'는 찬사가 따른다. 그리고 때때로 '와, 정말 이렇게까지 한다고?'라는 생각이 들게 하는 행보를 보이기도 한다. 2019년, 창립 이래 최초로 사명선언문을 변경했을 때다.

**우리는 최고의 제품을 만들되, 불필요한 환경 피해를 유발하지 않으며, 환경 위기에 대한 공감대를 형성하고 해결하는 방안을 실행하기 위해 사업을 이용합니다.**

_1991년 사명선언문

**우리는 우리의 터전, 지구를 되살리기 위해 사업을 합니다.**

_2019년 사명선언문

파타고니아가 사명선언문을 변경한 것은 '환경 위기로 인한 극도의 심각성과 절박함을 표현하기 위해서'였다.

이는 창립 이전부터 이본 쉬나드가 보여준 한결같은 철학의 연장선. 파타고니아가 아웃도어 제품을 만드는 이유는 자연과 더불어 사는 삶의 추구다. 그런데 제품 생산 과정에서 자연이 파괴된다면? 파타고니아의 존재 이유가 사라진다. 그러므로 가타부타 설명은 차치하고 오로지 한 가지, '지구를 되살리기 위해' 사업을 한다고 선언한 것이다.

파타고니아에 '왜 이렇게까지 하는가'라고 묻는다면, 아마 이렇게 답하지 않을까.

그 '왜' 때문에 이렇게까지 해야 하는 거라고.


## 브랜드 정체성을 찾는 질문

'왜'에 대한 집착은 브랜드의 정체성을 공고히 한다. 이제 막 시작하는 개인 브랜드가 정체성을 발견하는 데도 '왜?'라는 질문은 유용하다. 스스로에게 질문을 던지는 것이다.

나의 경우, 마음에 덜컥 거리는 키워드를 발견할 때마다 질문을 한다.

2011년 블랙 프라이데이 시즌에 〈뉴욕타임스〉에 게재된 파타고니아 광고.
'이 재킷을 사지 마세요'라고 광고하며
재킷 하나를 만드는 데 드는 환경 비용을 구체적으로 열거했다.
©파타고니아

초록색이 좋다 → 초록색을 왜 좋아하지?

요리할 때 즐겁다 → 요리가 왜 즐겁지?

푸른 숲에 가고 싶다 → 왜 다른 곳도 아니고 푸른 숲에 가고 싶지?


이렇게 호기심 가득한 아이처럼 나를 궁금해하다 보면 나를 이루는 모든 것, 나의 생각과 행동에 모두 까닭이 있다는 걸 알 수 있다. '그냥'은 없다.

질문은 많을수록 좋다. 그리고 질문에 대하여 정확한 언어로 답하는 것이 중요하다. 어떤 감정이 들었는지, 그러한 감정이 왜 들었는지 표현하는 것이다.

'요리가 왜 즐겁지?'라는 질문에 나의 답은 이러했다.


## 1) 감정

요리 중의 감정은 무에 가깝다. 모든 생각을 지우고 요리에만 집중한다. 어떤 재료를 어떤 순서로 어떻게 요리할지 느낌적인 느낌으로 셈하고 움직일 뿐이다. 거기에는 기쁨도 슬픔도 없다. 번잡한 평화만 있다.

한편, 요리 후의 감정은 열에 아홉의 확률로 '즐겁다'. 그리고 '보람차다', '뿌듯하다', '신난다'.

## 2) 이유

우선 입의 즐거움이 크다. 식재료 하나하나를 알고 먹으니까 음식이 더 맛있다. 내 입에만 맞으면 그만이니까 타인의 평가에 연연할 필요도 없다. 그저 나를 귀하게 대접하면 되는 것이다.

무엇보다, 가장 쉽게 창의력을 발휘할 수 있는 영역이라는 점이 가장 매력적. 일단 시작하면 뭐라도 만들어지니 확실하다. 짧게는 10분 만에 결과물이 나오니 빠르다. '작은 성취'가 보장되는 행위를 매일매일 할 수 있으니 얼마나 좋은가!

이전에 나는 요리를 말할 때 '요리를 좋아한다', '취미는 요리', '집밥 해 먹는다' 정도로 표현했다. 하지만 질문-답변 과정을 거친 뒤에는 다르게 말할 수 있게 되었다. "매 끼니 창작물을 생산하는 듯한 성취감을 느끼는 게 좋아서 요리를 한다"라고.

'요리'라는 키워드로 시작해서 '창작물', '성취감'이라는 키워드를 발견한 것이다.


## 조금 더 집착하기

한 꺼풀 더 들어가 보았다. '왜'에 대한 집착이다.

- 특히 어떤 요리를 할 때 가장 큰 성취감을 느끼는가?
- 다른 창작물을 만들 때도 이와 같은 성취감을 느끼는가?

친한 친구의 생일날, 멀리 사는 부모님 대신 제대로 된 생일상을 차려주고 싶어서 정석으로 요리할 때. 혹은 친구들을 초대해서 '인스타그래머블한' 음식을 만들 때도 보람을 느낀다. 하지만 그보다 더 좋아하는 건 혼밥 요리다.

냉장고에서 시들어가는 재료들을 조합해 그럴싸한 음식을 만들어낼 때. 밀키트 베이스에 나만의 재료를 추가해 나만의 조리법을 써서 본래의 맛 이상을 끌어낼 때. 새로 발견한 식재료로 다양한 레시피에 도전할 때. 정해진 레시피를 따르기보다 내 방식을 창조할 때 특히 즐겁다.

이는 무에서 유를 창조하는 것과는 다르다. 있는 재료를 잘 조합해서 제법 그럴듯한 결과를 도출해 냈다는 사실에 희열을 느끼는 것이다. 이러한 감정은 비단 요리에 국한되지 않는다.

평범하게 존재했던 재료들을 나의 관점으로 편집하고 아이디어를 더해 제2의 결과물이 탄생하면, 그것이 무엇이든 나는 언제나 성취감을 느낀다. 이때 '창작'은 적확한 단어가 아니다. 오히려 '편작(編作)'에 가깝다. 그로 인해 타인의 인정까지 받으면 더 좋겠지만, 행위 자체만으로도 마음이 넉넉해지니 더할 나위가 없다.

　이제 한 꺼풀을 더 들어갈 수도 있다.
- 그러면 나 자신을 '편작자'라고 규정해도 좋은가?
- 요리처럼 일상적으로 할 수 있는 편작은 무엇일까?

　집착하기 시작하면 '왜'에는 끝이 없다. 긍정적인 무한이다. 이런 식으로 내가 좋아하는 것, 싫어하는 것, 하고 싶은 것, 하기 싫은 것, 또는 해야만 하는 것 등에 질문하다 보면 정체성에 다가갈 수 있다.

　'정확한 언어로 표현하기'를 잊지 말자. 내 감정을 촬영한다고 생각하고 뷰파인더 안에서 초점을 조절하는 것이다. 흐릿한 감정에 선명한 이유가 생길 때마다 그것을 기록해놓는 습관을 기르면 더욱 좋다.

　만약 아직 어떤 질문을 해야 할지 모르겠다면, 이 질문에 먼저 답해 보길 권한다. 앞서 내가 답한 질문이다.

　"당신이 퍼스널 브랜딩을 하고 싶은 이유는 무엇인가요?"

**참고 자료**

- 이본 쉬나드 저 / 이영래 역, 《파타고니아, 파도가 칠 때는 서핑을》, 2020, 라이팅하우스.
- "파타고니아, 창립 이래 최초 사명 선언문 변경", 파타고니아 홈페이지, 2019.4.24.
- 〈EBS 다큐프라임〉 자본주의 2부 – 소비는 감정이다, EBS, 2012.9.25.

# 03 브랜드 키워드를 정하기 전에 알아야 할 것

아무튼 시리즈

## 희대의 양말 콘테스트

2년 전 즈음 《아무튼, 양말》 북토크에서의 일이다.

작은 동네 책방에 15명 남짓의 사람들이 사이좋게 둘러앉았다. '양말이 88켤레인 이유를 논리적으로 설명하기란 불가능'이라는 구달 작가와 《아무튼, 양말》 독자들의 만남.

비좁은 책방 한쪽에 구달 작가의 양말이 한아름 놓여 있었다. 책에서 글로만 보았던 그 양말들이었다. 작가는 소중한 양말을 하나씩 꺼내 들며 이야기보따리를 풀었다. 양말마다 소재가 어떻고, 감촉이 어떻고, 그에 얽힌 사연들이 얼마나 구구절절한지. 책을 즐겁게 완독한 터라, 얼굴도 몰랐던 작가와 그의 발을 감싸는 양말에 내적 친밀감이 분출됐다.

'어머, 저 양말은 출판계약서에 서명하는 날 신었다는 시스루 양말!'

'헉. 저게 바로 20만 원짜리 구찌 양말!'

가만 둘러보니 나만 즐거운 게 아니었다. 기이한 광경이었다. 그야말로 위 아 더 양말 월드. 북토크에서 양말 예쁘게 접는 방법을 전수받을 줄 누가 알았겠나.

참여자들에게는 사전에 부여된 미션이 하나 있었다.

'자신의 최애 양말을 가져오세요.'

그렇다. 사실 그 자리는 북토크를 가장한 양말 토크, 그리고 최애 양말 콘테스트 자리였던 것이다. 1등에게는 구달 작가가 특별한 선물을 주기로 약속돼 있었다. 양말이 아닐 리 없는 선물. 얼마나 특별한 양말인지가 관건이었다.

참여자들은 주섬주섬 최애 양말을 꺼내놓았다. 다음은 양말 PR 타임. 나도 고심하여 골라 간 양말을 꺼내 소개했다.

"저는 이렇게 기하학적인 패턴의 양말을 좋아해요. 왜냐하면……."

그리고 하나 더. 피치 못할 사정으로 동석할 수 없었던 친구

베바의 최애 양말을 대리 소개했다.

베바는 구달 작가 못지않은 양말 덕후로, 하루의 행복이 양말에서 시작된다고 말한다. 자기 발에 신는 것으로도 모자라 타인에게도 나누고 싶어서 '#백분의일' 프로젝트를 진행하고 있다. 길거리 아무 벽에나 새 양말과 편지를 붙여놓는 것이다. 그것을 먼저 발견하는 행인이 선물의 주인공이 된다.

나는 베바의 프로젝트 스토리와 처음 벽에 붙인 양말(과 같은 디자인)을 소개했고, 콘테스트에서 당당히 1등을 차지했다. 선물은 구달 작가와의 커플 양말. 양말 덕후와 양말 덕후 사이의 오작교가 되었던 흐뭇한 기억이다.


## 양말과 나 사이의 아이덴티티

신기하게도 그날 참여자들 중에는 이렇다 할 양말 덕후가 없었다. "사실은 지금까지 양말에 대해 별생각이 없었다"라며 수줍은 고백을 하는 사람도 몇 있었다. 그들은 《아무튼, 양말》을 읽고 나서 양말을 달리 보게 되었다고 했다. 콘테스트에 참여하기 위해 최애 양말을 고르면서 내가 어떤 양말을 좋아하는지, 왜 좋아하는지 생각해 보게 되었다고 했다.

#백분의일 프로젝트.
2018년 8월 처음 붙인 양말과 편지.
국내는 물론 미국, 일본, 홍콩, 아일랜드까지 170여 컬레의 양말을 나눴다.
무려 1만 원 상당의 i hate monday 브랜드 양말이다.
©베바

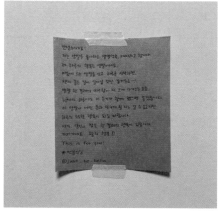

《아무튼, 양말》 북토크 현장
《아무튼, 양말》 표지에 등장한 양말을 손에 끼고 있는 구달 작가.
최애 양말 콘테스트 1등 선물은 구(G) 달(D) 커플 양말이었다.
©김키미

나도 다르지 않았다. 구달 작가와 베바만큼은 아니지만 양말을 꽤나 모으는 편이고, 확실한 취향도 있다. 하지만 '단 하나의 최애'를 골라본 건 처음. 매일 아침 양말을 고를 때와는 사뭇 다른 선택이었다. 그날의 차림과 기분과 날씨를 고려해 하루의 행복을 여는 선택을 하는 것과, 모든 조건을 뛰어넘는 제1을 선택하는 것은 너무나 달랐다. 내가 진짜로 좋아하는 게 무엇인지를 생각해 보게 된 것.

나는 패턴 없는 옷이 많아서 양말을 고를 때는 패턴 있는 쪽을 선호한다. 커다란 그림이 있는 것보다는 작은 패턴이 수놓아진 것. 평소에 보기 드문 기하학적인 패턴이면 가장 좋다. 전형적인 스트라이프나 아가일 패턴 같은 건 얼마나 기본에 충실한지를 따져 고른다. 귀여운 동물이나 사물 패턴은 자칫 유치해 보일 수 있으므로 신중을 기한다. 그래서 마음에 쏙 드는 기하학적인 패턴을 발견할 때면 유레카! 그 자체로 세련미 있으면서도 전형적이지도, 유치하지도 않은 디자인. 마음껏 새롭게 시도해 볼 수 있는 영역이다.

양말 취향에는 나라는 사람이 고스란히 담겨 있다. 귀여운 걸 좋아하지만 함부로 귀여운 취향을 드러내고 싶지는 않고, 기본에 충실해야 하는 순간에는 꽤나 엄격한 잣대를 대며, 그럼에도 어떤 부분에는 철저한 자유와 창의를 추구하는 사람.

나를 알게 하는 콘텐츠의 영향력이란 바로 이런 게 아닐까. 무언가를 좋아할 때는 반드시 이유가 있다. 그 이유 속에는 반드시 어떤 식으로든 '나다움'이 스며 있다.

## 사양 산업에도 돌파구는 있다

'콘텐츠' 하면 책 얘기를 빼놓을 수 없다. 책을 내는 입장에서 슬픈 얘기지만, 오늘날 출판 산업이 사양 산업이라는 데에 아무도 이견이 없는 듯하다. '출판' 연관 키워드에 '불황'이 붙지는 않을까 염려될 정도. 사람들은 출판업의 위기를 말하고, 심한 경우 몰락할 것이라 예단한다. 여러 가지 이유 중 하나로 꼽는 게 '독서 인구 자체가 줄었다'는 것이다.

엄밀히 말하면 줄어든 건 '종이책 독서 인구'다. 텍스트 콘텐츠를 담아내는 유일한 디바이스가 종이책이었을 때와 지금은 다른 세상이기 때문. 요즘 독자들이 책을 읽는 방법은 텍스트에 국한되지 않는다. 오디오로도 듣고 비디오로도 보며 '읽는다'.

〈2019 출판산업 실태조사〉에 따르면, 종이책 기반의 출판 산업 매출 규모는 2018년 기준 3조 9,083억 원이었다. 전년 대비 0.1퍼센트 감소한 수치. 코로나 시대를 지나며 종이책 판매량이

올랐다고는 하나 성장세 측면에서 보면 전망은 밝지 않다. 반면 전자책 시장 규모는 큰 폭으로 늘었다. 2018년 전자책 매출은 2,072억 원으로, 전년 대비 23.2퍼센트가 증가했다. 해당 조사에 참여하지 않은 업체 매출까지 추산하면 국내 전자책 매출 규모는 최소 3,200~3,500억 원으로 추정된다고 하니 실제 증가 폭 또한 더욱 크리라 예상된다.

종이책과 전자책의 비교는 단편적인 예다. 범위를 바꿔 텍스트와 미디어를 비교하면 상황은 더욱 여의치 않다. 여가 시간을 유튜브와 넷플릭스에 바치는 사람들이 텍스트를 읽게 하려면, 도대체 어떤 조치를 취해야 할까? 아무것도 소유하지 않으면서 모든 것을 소유한 듯이 누리게 하는 스트리밍 서비스에 익숙해진 사람들이 한 권의 종이책을 소유하고 싶게 하려면, 도대체 어떤 가치를 제공해야 하는 걸까?

근 몇 년 새 눈에 띄는 답을 내놓은 브랜드로 나는 다음의 세 가지를 꼽는다. 퍼블리, 〈일간 이슬아〉, 그리고 아무튼 시리즈.

일하는 사람들의 콘텐츠 구독 서비스 퍼블리(publy)는 양질의 디지털 콘텐츠를 만들어 유료로 판매한다. 인사이트 가득한 지식과 정보가 종이책에만 있는 게 아님을 세상에 알린 대표 주자라 할 수 있다. 선두에서 인식의 전환을 일으켜 준 퍼블리 덕분에 국내 디지털 콘텐츠 시장이 꿈틀대기 시작했다 해도 과언이 아니다.

〈일간 이슬아〉의 이슬아 작가는 스스로를 '연재 노동자'라고 말한다. 구독료를 받고 매일 글을 써서 이메일 뉴스레터로 발행하는 아이디어를 (아마도) 국내 최초로 시행했고, (확실히) 성공했다. 근래 양질의 뉴스레터가 우후죽순 생겨난 것은 그가 쏘아올린 공의 긍정파가 아닐까. 무엇보다도, 글밥만 먹고 살기에는 녹록지 않은 환경에서도 계속 창작 활동을 이어나갈 수 있는 새로운 모델을 제시했다는 점, 그리고 창작자가 자신의 글을 읽어줄 독자를 직접 모집하는 행위가 부끄러운 일이 아니라는 걸 보여줬다는 점에서 〈일간 이슬아〉는 많은 이들에게 큰 영감이 되었다.

퍼블리와 〈일간 이슬아〉가 새로운 시도로 돌파구를 찾은 쪽이라면 종이책인《아무튼, ○○》시리즈는 정면 승부사라 할 수 있다.


## 불황에 대항하는 승부사

서점에 가보면 사회정치 도서는 대개 평대가 하나예요. 저 평대 하나를 보면서 책을 만들어야 한다면 언젠가 위기가 찾아오지 않을까 생각했어요.

_코난북스 이정규 대표

1인 출판사인 코난북스도 불황의 한복판에 있었다. 코난북스는 《나, 조선소 노동자》,《IMF 키즈의 생애》 같은 청년, 노동, 사회 문제를 주로 다루며 신문 서평에 자주 소개되는 책을 냈다. 하지만 일반 독자들 사이에서 회자되기는 어려웠다. 혼자 만들다 보니 출판에 속도를 내기도 어려워 어떤 때는 8개월 동안 신간을 내지 못했다.

이정규 대표는 새로운 색깔, 새로운 콘셉트의 필요성을 느꼈다. 여러 명의 저자가 참여하는 에세이 시리즈를 기획했다. '생각만 해도 좋은, 설레는, 피난처가 되는 한 가지'라는 주제 안에서 하나의 소재를 선택해 집필하는 방식이다.

여러 권을 시리즈로 내려면 혼자서는 어려울 터. 또 다른 1인 출판사 제철소 김태형 대표와 위고 이재현·조소정 공동대표에게 함께하길 제안했다. 이정규, 김태형, 이재현 대표는 같은 출판사에서 일해본 경험이 있었고, 조소정 대표도 편집자였다. 다들 창업한 지 3~5년밖에 안 된 새내기 사장이었다.

술자리에서 뭐 해보자며 으샤! 으샤! 하고는 다음날 되면 다 잊어버리잖아요. '술기획', '입기획'이라고 하는데, 이 기획은 다음날 일어났는데도 정말 좋은 기획이라는 생각이 들더라고요. 하기로 했죠.

_위고 이재현 대표

《아무튼, ○○》 시리즈는 그렇게 탄생했다. '나를 만든 세계, 내가 만든 세계'를 담은 150쪽 내외의 길지 않은 에세이. 《아무튼, ○○》이라는 브랜드하에 세 출판사가 각자의 이름으로 출판하는 유쾌한 공동 프로젝트다.

룰은 간단하다. 출판을 각자 하듯이 저자 발굴도 각자 한다. 단, 한 명의 디자이너가 모든 책을 디자인해 브랜드 아이덴티티를 유지한다. 한 손에 쏙 들어오는 문고본으로 판형을 통일했다. 부담 없이 사 볼 수 있도록 가격도 9,900원으로 통일. 뚜껑을 열자마자 반응이 뜨거웠다. 대부분의 책이 중쇄 이상을 찍었다. 초판만 다 팔아도 성공이라는 책의 '위기'를 넘어섰다.

2021년 3월 기준, 39종의 《아무튼, ○○》이 나왔다. 가장 좋은 반응을 보인 건 김혼비 작가의 《아무튼, 술》, 임이랑 작가의 《아무튼, 식물》, 김한민 작가의 《아무튼, 비건》. 근래에는 요조 작가의 《아무튼, 떡볶이》, 이지수 작가의 《아무튼, 하루키》, 정혜윤 작가의 《아무튼, 메모》 등도 인기가 좋다.

일반 단행본은 출간 시점에만 반짝 인기를 얻고 금세 잊히기 일쑤인데, '아무튼'은 신간이 나오면 구간이 덩달아 소환되며 꾸준히 판매된다. 양말 덕후인 독자가 《아무튼, 양말》을 읽은 뒤 다른 책은 뭐가 있나 들여다보고 '어, 나도 택시 없인 못 사는데!' 하면서 《아무튼, 택시》를 구입하는 식이다.

## '아무튼'발 영감 전염

"'아무튼'처럼!"

창작자와 제작자들에게 둘러싸인 콘텐츠 업계에서 정말 많이 들은 말이다.

'아무튼'처럼 무언가 해보자고 말하는 사람들은 하나같이 신나 있었다. 정말 재미난 생각을 해냈다는 듯이, 기발한 아이템을 찾았다는 듯이 '아무튼'으로부터 받은 영감이 어떻게 발전되었는지를 말하며 눈을 반짝거렸다. "'아무튼'처럼!"에 담긴 의미는 다양했다.

'아무튼'처럼, 같이 하면서 각자 하는 공동 프로젝트를 해보자.

'아무튼'처럼, 읽기에 부담되지 않고 한 손에 쏙 들어오는 책을 만들어보자.

'아무튼'처럼, 하나의 주제와 일관된 톤앤매너로 시리즈형 콘텐츠를 만들어보자.

'아무튼'처럼, 소박하기 때문에 공감대를 일으키는 소재로 기획해 보자.

그리고 '아무튼'처럼, 나만의 ○○을 찾아서 콘텐츠화해 보자.

《아무튼, ○○》 시리즈는 '소비'를 한 독자에게 '생산'에 대한 영감을 준다. 저자가 답한 질문이 그대로 독자에게로 향하는 것이다.

"생각만 해도 좋은, 설레는, 피난처가 되는, 당신에게는 그런 한 가지가 있나요?"

생산자로서 경험이 있든 없든, 독자는 '아무튼'에서 비롯된 영감을 좋은 재료 삼아 자신들만의 '아무튼'을 상상한다. '아무튼'이라는 브랜드의 존재가 개인의 브랜딩 본능을 깨우는 촉매로 발동한 것이다. 전적으로 소비에만 몰두하게 하는 콘텐츠들과는 차별화된 '아무튼'만의 영감 전염이다.

## 내 속엔 ○○이 너무도 많아

'아무튼' 저자들이 고른 한 가지는 소소하다. 지극히 사적이다. 피트니스, 서재, 게스트하우스, 쇼핑, 망원동, 잡지, 계속, 스웨터, 택시, 스릴러, 방콕, 외국어, 로드무비, 딱따구리, 트위터, 발레, 비건, 양말, 식물, 술, 요가, 문구, 예능, 기타, 떡볶이, 하루키, 순정만화, 메모, 산, 여름, 스윙, 언니, 달리기, 연필, 반려병, 목욕탕,

뜨개, 후드티, 인기가요처럼.

'아무튼'의 주제는 뾰족하다. 이를테면 옷은 너무 넓지만 스웨터나 후드티는 오케이다.

'아무튼'의 주제는 독창적이다. 이를테면 책은 너무 흔하지만 서재, 잡지, 문구, 하루키, 메모 등은 오케이다.


이를 참고해 나의 취향을 나열해 봤다. 이미 나와 있는 '아무튼' 중에서는 양말, 택시, 잡지, 메모, 떡볶이가 있다. 그 외에는 한드, 파자마, 필카, 혼밥, 인터뷰, 다큐 등등등. 먹는 얘기로 들어가면 김치, 면, 돈가스, 생선구이, 설렁탕, 칼국수, 딸기 등등.

나에게 '한 가지'는 너무 여러 가지다. 그런데 "150쪽 분량의 글을 쓸 수 있을 정도인가?" 하고 물어보자 여러 가지는 0가지가 되었다.

구달 작가는 "'아무튼, ○○'의 ○○에 양말이라는 두 글자를 적어넣는 작가가 되고 싶었다"고 했다. 나에게는 왜 양말 같은 ○○이 없는 걸까. ○○이 너무 많아서 되레 아무것도 없어진 건 아닐까? 나다운 ○○은 대체 뭘까?

그러자 청춘 드라마 대사 같은 질문이 튀어나왔다.

"나다운 게 뭔데?"

아무튼 시리즈.
2017년 9월 서울와우북페스티벌에서 첫 5종을 공개했다.
ⓒ코난북스, 위고, 제철소

사람은 누구나 여러 개의 정체성을 가지고 산다.《트렌드 코리아 2020》에서는 이를 두고 '멀티 페르소나'라고 정의했다. 다층적으로 형성되는 자아를 '복수의 가면'이라는 개념으로 해석한 것. 오늘날 현대인은 여러 개의 정체성을 핸들링하며 빠르게 모드를 전환하고 매 순간 다른 사람으로 접속하며 살아간다.

가면 쓴 현대인에게 사회생활은 무대 위의 공연과 같다. 타인에게 보이는 '이미지로서의 자아'가 무대에 올라 공연을 한다. 무대 아래에서는 '본래의 자아'가 공연을 지휘한다. 두 자아는 '하나의 나'이므로 떼려야 뗄 수 없는 관계. 하지만 우리는 때때로 원치 않는 공연을 하게 될 때 '무대 위의 나'를 부정한다. 가짜라고 믿는다. 진정한 나는 여기에 있고, 저 위에서 나인 양 행세하는 이는 진짜가 아니라고 믿는다.

《일하는 마음》에서 제현주 작가는 이와 같은 현상을 꼬집어 '스스로 납득할 수 있는 배역'을 찾으라고 조언한다.

정체성, 자기 서사의 중심으로 삼을 수 있는 배역(들)이 있는지, 그 배역에서 자신이 수행하는 역할과 대본을 납득할 수 있는지가 중요하다. 그리고 그 역할이 대본에서 얼마나 통제력을 발휘할 수 있는지에 따라 '나'는 좀 더 진정해진다.

_제현주, 《일하는 마음》

## 나만의 《아무튼, ○○》

퍼스널 브랜딩 관점에서의 나다움은 주어진 배역들 사이에서 균형을 찾는 일이다. 그러기 위해 먼저 '나다움'과 '나' 사이의 균형을 짚어볼 필요가 있다. '나'를 너무 의식하면 부자연스러워진다. '나는 누구인가?' 하는 심오한 질문은 차치해도 좋다. 나에게서 한 발짝 떨어져야 비로소 나다움을 탐구할 수 있는 자격이 주어진다. 말하자면 자기 객관화다.

가장 먼저 시도할 수 있는 객관화는 '나만 알고 싶은 나'와 '보여주고 싶은 나'의 구분. 타인에게 굳이 보이고 싶지 않은 모습은 무대 위에 올리지 않아도 좋다. 있는 그대로의 내가 가진 여러 페르소나 중에서 타인에게 '누구'를 꺼내어 보여줄지 얼마든지 선택하며 살아갈 수 있다.

다만 한 가지. 그게 누구든 스스로 납득할 수 있는 '진정한 나'여야 한다. "저는 좋은 사람입니다"라고 말할 때도 "당신은 좋은 사람이군요"라는 말을 들을 때도 '좋은 사람'이 거짓이어서는 안 될 것이다.

"브랜드는 고정관념이다"라는 말이 있다. 브랜드 이미지를 만든다는 건 고객들에게 브랜드의 고정관념을 심는 작업과도 같다는 의미. 개인 브랜드도 마찬가지다. '보여주고 싶은 나'의 이미지가 고정관념으로 굳어져 버릴 수도 있다는 걸 유념해야 한다.

바꿔 말하면 퍼스널 브랜딩 관점에서의 나다움은 '고정관념으로 굳어져도 괜찮을 정도의 진정한 나'를 찾는 과정이라고 할 수 있겠다.

다시 나를 나열해 봤다. 이번에는 취향이 아닌 페르소나 관점. 나라는 '사람'을 이룬 서사와 '브랜드'가 되었으면 하는 키워드를 분리했다.

### ● 조손가정, 고졸, 1인 가구

나는 조손가정에서 자랐고, 몇 년 전까지만 해도 고졸 학력이었으며, 수년째 1인 가구로 살고 있다. 이 세 가지 키워드는 나라는 사람의 중요한 서사를 이룬다. '조손가정'을 빼고 성장기를 말할 수 없으며 '고졸'을 빼고 20대를 말할 수 없고 '1인 가구'를 빼고 일상을 말하기 어렵다. '진정한 나'의 키워드다.

하지만 애써 보여주고 싶은 페르소나는 아니다. 나만 알고 싶다거나 감추고 싶은 건 아니지만 이 페르소나로 무대에 올라 어떤 공연을 할지 그려지지 않는다.

## ● 콘텐츠, 브랜딩, 직업인

나는 IT 업계 종사자이면서 책과 글 중심의 '콘텐츠' 산업에 속해 일하고 있다. 업무적으로도 개인적으로도 '브랜딩'을 고민한다. '직업인'으로서 자부심이 있고, 나와 가치관이 비슷한 사람들과 미래 지향적인 대화를 나누며 성장할 때 즐거움을 느낀다.

'나라는 브랜드를 고민하는 나'는 무대에 올라 할 말이 많다. '있는 그대로의 나'이면서 타인에게 '보여주고 싶은 나'의 페르소나. 어렴풋이 브랜드의 상이 손에 잡힌다.


'보여주고 싶은 나'와 '보이는 나'는 다르다. 키워드를 나열할 때는 타인에게 지금 어떻게 보이고 있는지를 너무 신경 쓰지 않아도 좋다. 앞으로 어떤 모습을 보여주고 싶은지가 중요하다.

가령, 지금은 '싱거운 사람'이라는 이미지가 강하지만 '알고 보니 진중한 사람'으로 여겨지고 싶을 수도 있지 않은가. 주변에서 '산만한 사람'이라는 소리를 듣고 있지만 '다방면에 재능 있는 멀티 태스커'로 이미지 전환을 이룰 수도 있다.

현재 시점에서는 다소 요원해 보이는 워너비, 즉 '되고 싶은 나'여도 상관없다. 내가 어떤 무대에 올라 어떤 공연을 하고 싶은지 스스로 결정한다는 데 의의가 있다. 주어진 상황에서 스스로 납득할 수 있는 배역을 선택하는 수준이 아니라, 내가 원하는 배역부터 정해놓고 멋지게 공연할 미래를 만들어가겠다는 거니까. 희망사항은 얼마든지 구체적이어도 좋다.

또한 《아무튼, ○○》 시리즈의 소재들처럼 뾰족하거나 독창적일 필요도 없다. 150쪽 분량을 써낼 이야기가 쌓여 있지 않아도 좋다. 그저 무엇에도 구애받지 않고 자문해 보는 거다.

내 안에서 어떤 페르소나를 꺼내면 좋을까?

**참고 자료**

– 구달, 《아무튼, 양말》, 2018, 제철소.

– 엄지혜, "[출판 정담] 1인출판사, 지금 어떠십니까? –
코난북스, 유유, 심플라이프", 〈채널예스〉, 2019.7.29.

– 김명진, "'좌뇌가 기안, 우뇌가 결재'하는 1인 출판사 셋이
뭉쳤다", 〈한겨레〉, 2017.10.1.

– 김난도 외 8인, 《트렌드 코리아 2020》, 2019, 미래의창.

– 제현주, 《일하는 마음》, 2018, 어크로스.

# 04   맥시멀리스트에게 추천하는 키워드 그루핑

아마존

## 브랜드의 미니멀리즘

'보여주고 싶은 나'의 페르소나가 열 가지 있다고 치자. 처음 만난 이에게 그 열 가지를 다 소개할 수 있을까? 열 가지를 모두 전달했다 한들, 상대가 그 열 가지를 모두 기억할 수 있을까? 그렇다면 상대에게 나는 어떤 사람으로 기억될까?

우리가 브랜드를 기억하는 방식 중 대표적인 것은 슬로건이다. 나이키의 "Just do it", 애플의 "Think different", 맥도날드의 "i'm lovin' it" 등이 그것. 금성사의 "순간의 선택이 10년을 좌우합니다"는 또 어떠한가. 1980년대에 나온 명카피 덕분에 '금성사 제품은 품질이 좋다'는 고정관념이 새겨졌고, LG전자의 브랜드 이미지에 영향 끼쳤음을 부인할 수 없다.

브랜드의 고정관념을 만드는 일은 미니멀리즘을 닮았다.《미니멀리스트》의 공저자 조슈아 필즈 밀번과 라이언 니커디머스는 미니멀리즘을 다음과 같이 정의했다.

**미니멀리즘은 당신의 삶에서 과하다고 느껴지는 것들을 제거하며 정말 중요한 것에 대해 집중할 수 있게 해주는 도구다.**

좋은 브랜드는 자랑하고 싶은 제품군과 특장점, 내세우고 싶은 이미지가 여러 가지 있더라도 그 모든 걸 이야기하지 않는다. 오히려 '정말 중요한 것'에 집중시킨 뒤 나머지 요소까지 알게 하는 방식을 취한다. 그러기 위해 전략적으로 '과하다고 느껴지는 것들'을 제거하는 과정을 거친다.

이 방식이 개인 브랜드에도 용이한 방법일까? 열 가지 페르소나 중에서 과하다고 느껴지는 요소를 제거해 단 한 가지만 남기는 방식 말이다. 브랜더가 되려면 반드시 미니멀리스트가 되어야 하는지, 생각해 볼 문제다.

## 맥시멀리스트의 기본 욕구

미니멀리스트의 반대편에는 맥시멀리스트가 있다. 기업 브랜드에 비유하자면 '이거면 충분하다'는 식의 무인양품이 미니멀리스트, '이걸로도 부족하다!'며 세상 모든 것을 파는 아마존이 맥시멀리스트에 가깝달까.

늘 무언가를 더 원하는 듯한 맥시멀리스트는 상대적으로 욕심쟁이처럼 비치곤 한다. 정말로 '욕심'을 부리는 사람도 있다. 그러나 나는 맥시멀리스트의 욕구가 기본적으로 '관심'에 기반한다고 믿는다.

사람이든 사물이든 관심을 기울일 줄 아는 사람이 사랑도 나눌 수 있는 법. 삼라만상에 관심 둘 줄 아는 맥시멀리스트는 사랑을 베푸는 마음의 서랍을 여러 개 타고난 사람이다.

그래서 브랜더로서 전략 수립이 쉽지 않다. 이것도 좋고 저것도 좋기 때문. 이걸 사랑하는 것도 '나'이고 저걸 사랑하는 것도 '나'라서 한 가지를 꼽을 수 없다. '이거'를 선택하면 '저거'에 대한 사랑이 사무친다. 필연적으로 '보여주고 싶은 나'의 페르소나도 수없이 나열할 수 있다.

그럼에도 '브랜딩을 하겠다'는 이유로 그중 한 가지 페르소나를 억지로 선택해야 한다면 얼마나 괴로울까? 타고난 성향을 거

스르는 행위를 브랜딩이라 할 수 있을까? 아마 브랜드 방향을 잡기도 전에 불행해질 것이다.

나다움을 유지하며 브랜드다움을 만들어가는 방법을 찾기 위해 맥시멀한 브랜드, 아마존의 사례를 살펴봤다.


## 우주까지 탐내고 있는 맥시멀 브랜드

2021년 2월 2일. 아마존 CEO 제프 베조스가 3분기 안에 CEO 직에서 물러날 예정이라는 보도가 나왔다. 향후 베조스는 아마존 이사회 의장직을 수행할 것이며, 후임으로 현 아마존웹서비스(AWS) CEO인 앤디 재시가 내정돼 있다는 소식이었다. 아마존닷컴을 설립한 지 28년 만이다.

베조스의 사임은 끝이 아닌 새로운 시작이자 선포다. 그는 직원들에게 보내는 편지를 통해 자신이 앞으로 집중할 네 가지 사업을 언급했다. 노숙자 지원과 저소득층 교육 지원을 위해 설립한 '데이원 펀드', 기후변화에 대응하기 위해 설립한 '베조스 어스 펀드', 베조스 소유의 신문사 '워싱턴 포스트', 그리고 우주 탐사 기업 '블루 오리진'이다.

베조스가 100만 달러를 가지고 아마존을 창업했을 당시 세상에는 이미 컴퓨터와 인터넷이 존재했다. 결제 시스템과 교통망, 배송망도 갖춰져 있었다. 아마존을 만들 수 있는 인프라가 존재했던 것이다. 그가 우주선 발사를 실험하는 데는 후손들이 거대한 우주 기업을 세울 수 있는 인프라를 구축하겠다는 목표가 담겨 있다. 재사용 가능한 우주선을 만들어 우주 여행 비용을 낮추면 누구나 우주를 여행 다니는 세상이 올 것이라는 꿈을 꾼다.

아마존이 우주 사업에 뛰어들었다는 사실이 크게 놀랄 일은 아니다. 지금까지 아마존은 전자책 리더기 킨들, 드론 배송, AI 음성 인식 플랫폼 알렉사, 클라우드 서비스 플랫폼 AWS 등 끊임없이 혁신을 시도해 왔기 때문. 그 혁신이 지구를 넘어 우주로 뻗어나갔을 뿐이다.

그래서 종종 잊어버린다. '독과점'이라는 질책을 들을 정도로 세상 모든 것을 파는 아마존도 시작은 온라인 서점에 불과했다는 것을. 물론 그 당시 온라인에 서점을 연다는 발상은 엄청난 혁신이었지만 말이다.

## 아마존 지속 가능성의 비밀

남미 대륙에서 가장 긴 강의 이름처럼 아마존은 1995년 7월, '지구상에서 가장 큰 서점'으로 태어났다. 365일 24시간 불이 꺼지지 않는 온라인 서점이었다.

1997년에는 VHS, DVD, CD, MP3, 컴퓨터 소프트웨어, 비디오 게임, 전자 제품, 옷, 가구, 음식, 장난감 등의 제품까지 판매하는 대규모 온라인 쇼핑몰로 진화했다.

2000년에는 로고를 미소 짓는 화살표 모양으로 리뉴얼하고 사업 다각화의 의지를 드러냈다.

**a에서 시작된 미소가 z에서 보조개로 완성됩니다. 이 미소는 고객들이 온라인으로 구매하기 원하는 모든 제품을 A에서 Z에 이르기까지 어떤 것이라도 아마존닷컴이 제공하겠다는 것을 상징합니다.**

그 후 아마존은 최단 기간 매출 1,000억 달러를 달성한 기업이자, 애플에 이어 시가총액 1조 달러를 돌파한 두 번째 기업이 되었다. 전 세계에서 일하는 직원 수가 130만에 이른다. 제주도 인구의 두 배 규모다.

아마존 로고.
창립 초창기(1995년부터 1998년까지)에는
아마존강이 흐르는 모양이었다.
©아마존

이토록 거대한 아마존 월드를 만들어낸 베조스의 경영 철학은 의외로 간단하다. '지속 가능한 사업을 하려면 변하지 않는 가치에 주목해야 한다'는 것. 1997년부터 매년 4월 아마존 주주들에게 보내는 서한 '베조스 레터' 속에 이에 대한 설명이 자세히 나와 있다.

개인 고객들은 낮은 가격, 최상의 선택, 빠르고 편리한 배송을 중시합니다. 우리는 소매업에서 이러한 고객 요구가 시간이 지나도 변함없을 거라는 확신을 갖고 있습니다. 10년 후 고객들이 더 높은 가격, 더 적은 선택권, 더 느린 배송을 원할 거라고는 도저히 상상하기 어렵습니다. 이러한 세 가지 고객 경험 기둥의 지속성을 믿기에 우리는 그 기둥들을 강화하는 데 필요한 투자를 과감하게 진행합니다. 지금 투입하는 에너지가 향후 주주 여러분께 지속적이고 충실한 배당금 지불의 토대가 될 것임을 우리는 잘 알고 있습니다.

_2008년 베조스 레터

낮은 가격, 최상의 선택('다양한 제품'이라고 해석해도 좋다), 빠르고 편리한 배송.

이 세 가지 변하지 않는 가치는 아마존의 성공 비법인 플라이휠(Flywheel) 전략 안에도 담겨 있다.

다양한 제품을 낮은 가격으로 제공하면 긍정적인 고객 경험이 쌓인다. 고객이 늘어날수록 판매량이 증가하고 제3의 판매자들이 아마존으로 모여든다. 아마존의 운영비가 감소하고 효율이 늘어나면서 성장하면 가격을 더 낮출 수 있다. 모든 요소가 플라이휠 안에서 상호 작용하며 선순환한다. 이 중 한 요소가 빠르게 성장하면 전체 루프가 가속화되어 다른 요소에도 긍정적인 영향을 미친다.

아마존의 혁신은 플라이휠을 구성하는 여섯 가지 요소 중 하나 이상을 개선하는 아이디어다. 단기적 수익은 중요하지 않다. 플라이휠을 가속화하는 아이디어라면 장기적인 투자라고 생각하고 실험을 강행한다.

실패해도 괜찮다. 실패하면 실패한 대로의 경험을 공유한다. 실패를 지적하거나 질책하지 않는다. 부담 없이 의견을 주고받으며 '성공적인 실패'를 만들어간다. 그 과정에서 혁신이 싹튼다.


## 나의 플라이휠 만들기

아마존의 플라이휠은 하나의 예시다.《좋은 기업을 넘어 위대한 기업으로》에서 플라이휠 모델을 소개한 짐 콜린스는 자신만의 아마존의 플라이휠 전략.
아마존닷컴 초창기. 임원들과 식사를 하던 베조스가
냅킨에 그린 그림이라고 알려져 있다.
'고객 경험. 트래픽. 판매자. 선택'이 서로를 가속화하고.
바깥으로 '저비용 구조. 낮은 가격'이 다시 또
고객 경험을 도우며 성장을 가속화한다.
©아마존

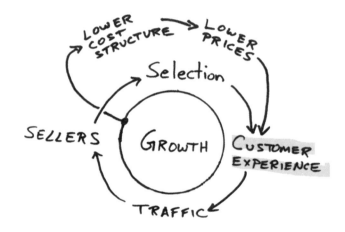

플라이휠을 만들기 위해 이러한 질문에 답해보기를 권했다.

1) 나의 플라이휠은 어떻게 회전하는가?
2) 나의 플라이휠의 구성 요소는 무엇인가?
3) 나의 플라이휠의 순서는 어떠한가?

나라는 브랜드를 움직이는 동력을 선순환 루프로 규정할 수만 있다면, 브랜더로서의 삶에서 중요한 의사 결정 기준을 마련할 수 있을 것이다. 이를 통해 한정적인 시간과 자원을 어디에 집중할지도 판단할 수 있다.

아주 커다랗고 무거운 회전문을 연다고 상상해 보자. 멈춰 있는 회전문을 열려면 처음에는 큰 힘이 필요하다. 하지만 회전문이 일단 움직이기 시작하면 관성의 힘을 얻는다. 적은 힘으로도 움직일 수 있다. 추진력에 의해 움직임이 가속화되면 손대지 않고도 문을 드나들 수 있다.

다만 콜린스의 질문에 답하기 위해서는 회전문을 만들기 위한 재료부터 선별하는 작업이 필요하다. 아마존에 세 가지 '변하지 않을 가치'가 있었던 것처럼 말이다.

## 변하지 않을 가치 찾기

내 친구 J는 매력적인 맥시멀리스트다. 어딘가 산만해 보이지만 유쾌하고, 덜렁거리는 것 같지만 꼼꼼하다. 좋아하는 것도 많고 하고 싶은 것도 많다. 그래서 뭘 해야 할지 정리하고 결정하는 데 에너지가 많이 드는 편.

'변하지 않을 가치 찾기'를 목표로 J라는 브랜드를 같이 정리해 봤다.

**1) 먼저, 자신을 이루는 키워드를 생각나는 대로 모두 나열했다.**

여성, 30대 중반, 1인 가구, 프로덕트 디자이너, 프리랜서, 캠핑, 여행, 백패킹, 솔로 캠핑, 트레킹, 등산, 하이킹, 헬스, 사람 만나기, 카운슬링, 인터뷰, IT, UI/UX, 서비스, 브랜딩, 디자인, 컨설팅, 기획, 마케팅, 일잘러, 심리학, 상실 가정, 지방 출신, 음악, 록 페스티벌, 콘서트, 브릿팝, 인디, 얼터너티브, 밴드, 공연, 악기, 수영, 운동, 글쓰기, 그리기, 만들기, 사진, 유튜브, 유쾌함, 긍정 에너지, 해피 바이러스

**2) 키워드의 유사성과 맥락에 근거해 그루핑을 했다.**

- 여성, 30대 중반, 1인 가구, 지방 출신, 상실 가정

- 음악, 록 페스티벌, 콘서트, 브릿팝, 인디, 얼터너티브, 밴드, 공연, 악기
- 캠핑, 여행, 백패킹, 솔로 캠핑, 트레킹, 등산, 하이킹, 헬스, 수영
- 글쓰기, 그리기, 만들기, 사진, 유튜브
- 프로덕트 디자이너, 프리랜서, IT, UI/UX, 서비스, 브랜딩, 디자인, 컨설팅, 기획, 마케팅, 일잘러
- 사람 만나기, 카운슬링, 인터뷰, 심리학
- 유쾌함, 긍정 에너지, 해피 바이러스

### 3) '보여주고 싶은 나'에 해당하는 그룹을 정했다.

- 캠핑, 여행, 백패킹, 솔로 캠핑, 트레킹, 등산, 하이킹, 헬스, 수영
- 프로덕트 디자이너, 프리랜서, IT, UI/UX, 서비스, 브랜딩, 디자인, 컨설팅, 기획, 마케팅, 일잘러

### 4) 그룹을 한 문장으로 정의했다.

- 자연을 사랑하는 사람
- 프로덕트 디자이너

**5) '보여주고 싶은 나'를 한 문장으로 정의했다.**

– 산 타는 디자이너


## '보여주고 싶은 나'를 찾는 과정

이 과정에서 가장 많은 시간을 할애한 건 '보여주고 싶은 나'를 선별하는 일이었다. J와 나는 깊은 대화를 나누면서 네 가지 법칙을 발견할 수 있었다.


첫째, 정말 좋아하지만 작전상 후퇴하게 되는 페르소나가 있다.

J는 음악에 대한 애착이 남다르다. 노 뮤직, 노 라이프. 음악을 하고 싶어 악기를 배우고 직접 밴드를 결성한 적도 있다. 내로라하는 뮤지션의 공연이나 페스티벌을 열심히 찾아가 즐긴다. LP를 디깅하기 시작하면 일상생활이 불가능해질 거라는 판단에 일부러 턴테이블을 구입하지 않는다고 했다.

J에게 음악은 너무 중독적이고도 위대한 것이라 오히려 감히 범접하지 못하는 영역. 이루지 못한 꿈에 가까웠다. 오랜 고민 끝에 접은 꿈을 다시 펼치는 건 무척 조심스러운 일이라, 혼자 즐기는 취미로 남기는 게 좋겠다는 결론에 이르렀다. (나에게는 사

진이 그렇다. 도달하고 싶은 목표가 너무 멀리 있어서 그저 선망하는 채로 즐기는 취미가 되었다.)

둘째, 유사 키워드가 많이 나오는 페르소나에는 공통된 이유가 있다.

J는 지하철 서너 정거장 정도는 가뿐히 걸어 다니는 스타일. '캠핑, 여행, 백패킹, 솔로 캠핑, 트레킹, 등산, 하이킹, 헬스, 수영'도 취미 생활이라는 점에서는 음악과 같지만, J가 그것을 통해 무언가 이루고자 하는 원대한 목표 같은 건 없다. 그저 삶을 풍요롭게 하는 요소. 평생토록 꾸준히 이어나가고 싶은 생활 습관이다. '변하지 않을 가치'임에 분명했다.

흥미로운 점은 오토 캠핑을 즐기지 않는다는 것이었다. 최소한의 짐 가방만 짊어 메고 튼튼한 두 다리로 걸어 다니다가 잠시 아름다운 풍경에 머물다 나오는 것이 J의 취향.

그러한 활동을 묶는 하나의 키워드를 묻자 단박에 "자연"이라는 답이 돌아왔다. 도시 생활자로서 자연을 즐기는 J만의 방식이자 삶의 원동력이라는 생각이 들었다.

셋째, 현실적으로 가장 많은 자원을 들이게 되는 페르소나가 있다.

J에게는 직업적 성취가 삶의 큰 부분을 차지한다. 적당히 일한 적이 없고, 언제나 잘 해내고 싶어 한다. 그리고 그걸 타인에게 보여주고 싶은 마음도 크다.

다만 프리랜서로 혼자 작은 프로젝트만 맡아서 하는 기간이 길어진 탓에 다소 지쳐 있는 상태였다. 프로덕트 디자이너로서 참여할 수 있는 큰 프로젝트, 팀 단위의 프로젝트에 대한 갈망이 있었다. 그러려면 일단 구직 활동이 시급했다. 효과적인 구직 활동을 위해서는 J의 색깔을 보여줄 수 있는 포트폴리오가 필요하다는 건 너무 잘 알고 있었다. 취업뿐만 아니라 J의 개인 브랜드를 위해서도 꼭 필요한 작업. 당장 가장 많은 시간과 에너지를 들여야 하는 일이었다.

넷째, 어떤 페르소나는 다른 페르소나를 돋보이게 해주는 역할을 하기도 한다.

'사람 만나기, 카운슬링, 인터뷰, 심리학', '유쾌함, 긍정 에너지, 해피 바이러스'는 마지막까지 결정하기가 어려웠다. 사람을 좋아하는 J는 다채로운 인맥을 자랑한다. 단순히 지인의 수가 많은 것만이 아니라 지인들의 나이대, 직업, 관심사 등도 무척 다양하다. 그들과 만남을 갖는 것, 고민을 들어주고 대화 나누는 것 자체로 외향인인 J는 커다란 행복을 느낀다. 사람에 대한 관심, 탁월한 공감 능력, 그에 더해 해피 바이러스라는 이미지는 J 만이 가진 강점임에 분명하다.

하지만 이 키워드는 전문 카운슬러나 인터뷰어가 되지 않는 한 단일 키워드로는 동작시키기 어려운 영역. 시도해 볼 수는 있겠으나 '고정관념으로 굳어져 버려도 괜찮은가?'라고 자문해 보면 물음표가 있었다. 그렇다면 J의 개성이 드러나도록 기획하는 것도 방법이다.

당시 J는 캠핑 유튜버를 꿈꾸고 있었고, 캠핑과 인터뷰를 접목해 보자는 아이디어가 나왔다. 캠핑장에서 만난 사람을 인터뷰하거나, 지인과 등산 중 인터뷰를 시도해 볼 수도 있으니까.

비슷한 맥락에서 '글쓰기, 그리기, 만들기, 사진, 유튜브'도 브랜드를 보여주는 콘텐츠 제작 툴로 활용될 수 있다. J의 강점이 '산 타는 디자이너'라는 브랜드를 더욱 돋보이게 해주는 훌륭한 장치로 역할하는 선순환이 만들어졌다.


## 느리더라도 차근차근

만년시계(10,000 Year Clock)라는 특별한 시계가 있다. 만년시계는 일반 시계처럼 초, 분, 시 단위로 움직이지 않는다. 초침은 1년에

한 번, 분침은 100년에 한 번 움직인다. 그리고 1,000년에 한 번 뻐꾸기 알람이 울린다.

이는 발명가이자 컴퓨터 과학자인 대니 힐리스의 작품. 제프 베조스는 그에게 4,200만 달러를 투자하고 만년시계를 설치하도록 텍사스의 부동산을 제공했다.

베조스에게 만년시계는 장기적 사고의 상징이다. 월 매출 달성과 분기 실적 발표 압박에 시달리며 단기적 성과를 내야 하는 비즈니스 생태계를 향한 메시지랄까. 후손을 위해 우주 사업을 개척하는 것처럼, 시간에 대해 생각하는 방식을 바꾸고 폭넓은 안목을 갖도록 격려하는 프로젝트라고 볼 수 있다.

내 안의 브랜드를 찾는 과정은 취향 찾기와 비슷하다. 처음에는 유행하는 제품을 따라다니고 타인의 취향을 탐닉한다. 이것저것 사다 보면 온갖 취향이 뒤범벅되는 시기가 온다. 취향이라고 말하기에는 어려운 중구난방의 시기다. 취향은 그러면서 다듬어진다.

내 취향이 아닌 것 같으면 버리고, 내 취향인 것 같으면 더 사들이는 동안 일관된 톤이 생긴다. 그리고 그것을 오래 지속하면 한결같은 취향으로 자리 잡는다. 견고해진다.

만약 아직 키워드를 나열하는 일이 어렵다면, 키워드가 중구

난방으로 뒤범벅되어 있다면, 차근차근 모으고 다듬어가는 시간을 가져보면 좋겠다. 오래도록 변하지 않을 것 같은 '나의 것'을 찾는 과정에는 당연하게도, 충분한 시간이 필요하다.

나에게 맞는, 나에게 어울리는, 나를 대표할 수 있는 나의 것. 나라는 브랜드를 찾아가는 여정에 나를 데려다 놓고 마음껏 탐닉해 보길 바란다.

느리더라도 차근차근. 미래를 향해 가고 있는 만년시계처럼.

**참고 자료**

–     "About The Minimalists", The Minimalists.

–     "Email from Jeff Bezos to employees", Amazon, 2021.2.2.

–     스티브 앤더슨 저 / 한정훈 역, 《베조스 레터》, 2019, 리더스북.

# 05    1초 만에 떠오르는
브랜드 고정관념 디자인하기

시몬스

## 일상 속 고정관념

다독가라는 오해를 자주 받는다. '오해'라고 표현하는 이유는 내가 생각하기에 나는 결코 다독가가 아니라서다.

물론 일 년에 한 권 읽을까 말까 하는 이에 비하면 다독가라 할 수 있겠다. 그러나 독서의 기준이 첫 장부터 끝 장까지를 완독하는 것이라면 경우가 다르다. 부끄럽지만, 평균적으로 내가 한 해 동안 읽은 책을 세려면 열 손가락이면 충분하다. 솔직히 말하면 다섯 손가락일지도 모른다. 핑계를 대자면, 한 권을 붙잡고 진득하게 완독하기보다는 여러 권을 쌓아놓고 손에 닿는 대로 발췌독하는 편이라 할 수 있다. (이 책을 쓰기 위해 지난 일 년 동안은 많은 책을 흡입했지만, 특수한 상황이니 예외로 둔다.)

　나를 즐겁게 하는 건 '읽는 기쁨' 이전에 있는 '사는 기쁨'이다. 지적 호기심을 소비 욕구로 때우려는 심보. '아직 읽지 않았지만 언젠가는 읽을 책'을 진열해 놓고 호기심 충족을 보류하는 것이다.


　다독가라는 오해를 만들어낸 건 나 자신이었다.

　나는 책을 사면 자랑을 하고, 한 권이라도 읽었으면 티를 낸다. SNS에 책 사진을 찍어 올리고, 공감 가는 부분을 밑줄 긋고 공유하는 식. 정말 좋았던 책은 호들갑을 떨며 사방팔방 추천한다. 장류진 작가의 《일의 기쁨과 슬픔》을 읽었을 땐 'IT인 필독서'라며 주변 IT인들에게 일일이 책을 추천하고, 책 표지에 그려진 판교 육교를 찾아가 사진을 찍어 올리기도 했다.

　우아한형제들 김봉진 대표가 자신을 가리켜 말한 것처럼 '과시적 독서가'인 셈이다.

　그는 명문대 나온 다른 경영자들만큼 똑똑해 보이기 위해 독서를 시작했다고 한다. 창의적인 부분에는 어느 정도 자신이 있었지만 지적인 이미지가 부족하다고 판단한 것. 그래서 책을 읽고, SNS에 보여주는 행위를 꾸준히 하며 이미지를 쌓았다.

　《책 잘 읽는 방법》을 통해 그가 전하는 책 잘 읽는 방법 중에는 '일단 많이 사야, 많이 본다'는 대목이 있다. 그리고 완독하지 않아도 된다고, 읽지 않은 책에 죄책감을 가지지 말자고 말한다. 책을 소중히 다뤄야 한다거나 순서대로 읽어야 한다는 법도 없다고 강조한다. 그리고 무엇보다, '소셜미디어에 책 자랑하기'를 권한다.

책 이야기를 많이 하면 사람들은 자연스레 '책을 많이 읽는 사람이구나'라고 생각하게 된다. '지적인 사람'이라는 이미지가 생기고, 분야에 따라 '전문가'라는 인상까지 주게 된다. 그렇게 고정관념이 만들어진다.

'잘' 읽음으로써 '많이' 읽은 것만큼의 가치를 생산해 내는 것이다.


## 25년간 학습된 고정관념

언제부턴가 자고 일어나면 이상하게 허리가 아팠다. 처음에는 뭉근한 불편감 정도였는데 이내 알았다. 이건 통증이구나. 설마, 허리 디스크 전조인가?

상상만 해도 허리가 서늘해지는 상황. 큰맘 먹고 침대를 바꾸기로 했다. 허리 디스크로 고생해 보았거나, 나처럼 침대 교체를 고민 중이거나, 나의 고약한 잠버릇을 알고 있거나, 그런 나와 잠버릇이 비슷한 지인들에게 상담을 청했다. 조언과 의논을 오간 끝에 내게로 모인 결론은 하나였다.

"침대는 시몬스지."

침대 위에 10개의 볼링 핀이 열 맞춰 서 있다. 경쾌한 음악과 함께 카메라 앵글이 아래에서 위로 흐른다. 하얀 가운을 입은 외국인이 까만 볼링공을 들고 아래를 내려다본다. 자신만만한 표정을 짓고 그는 침대 위로 공을 떨어뜨린다. 볼링 핀 옆에 떨어진 공이 매트리스 위에서 통통 튄다. 놀랍게도 핀은 하나도 쓰러지지 않았다. 이윽고 내레이션이 흐른다.

"흔들리지 않는 편안함. 시몬스 침대."

1995년에 나온 광고인데 기억에 선명하다.

우리 집은 이부자리 생활을 했기 때문에 당시에 나는 침대에서 자본 경험이 거의 없었다. '어른이 되면 나도 침대를 가질 수 있겠지?' 호기심 많은 초딩에게 침대 광고는 동경을 일으키기에 충분했다.

중학생이 되었을 때 시몬스 광고가 또 나왔다. 그때 그 하얀 가운을 입은 외국인과 볼링 핀, 볼링공의 두 번째 등장. 이번에

그는 침대 위로 자신의 몸을 떨어뜨렸다. 여전히 볼링 핀은 쓰러지지 않았고, 내레이션이 흘러나왔다.

"흔들리지 않는 편안함. 시몬스 침대."

이듬해인 2000년부터 시몬스 광고에는 다른 사람 혹은 동물이 등장했다. 침대에 누워 TV 속에 나오는 과거 시몬스 광고를 보는 부부. 침대 맡에 앉아 축구 경기를 관람하는 덩치 큰 사내와 그의 고양이. 침대에서 자는 개와 녀석의 먹이를 탐내는 고양이. 잠들어 있는 아빠 옆에 도미노를 세우는 귀여운 꼬마 등. 등장인물과 상황은 제각각이지만 결론은 늘 같았다.

시몬스 침대가 아닐 경우 옆에서 누군가가 움직이면 자고 있던 사람(혹은 동물)이 천장 높이 튀어 오른다. 시몬스 침대에서 자면 누가 업어 가도 모른다. 또 어김없이 내레이션이 나온다.

"흔들리지 않는 편안함. 시몬스 침대."

시몬스 광고는 늘 위트 있었고, 항상 같은 지점을 건드렸다. '저게 정말 가능할까?'라는 의심과 '흔들리지 않으면 왜 편안하지?'라는 의문.

침대는 가지고 싶지만, 어려서부터 혼자 자 버릇했던 나에게는 시몬스 침대가 어울리지 않는 것 같았다. 혼자 자면 흔들릴 일도 없으니까. 그리고 이런 생각은 30초짜리 광고가 끝나면 바로 증발했다.

아니. 증발한 줄 알았다.

그것은 내 기억 속 어딘가에 조용히 쌓여 있었다. 그러다가 요통을 겪으면서 '좀 비싸더라도 제값을 하는 브랜드'를 찾는 소비자가 되자 존재를 드러냈다. 뿌얀 먼지에 '후' 바람을 분 것처럼. "나 여기 있었어" 하고.

기억은 공백을 메우며 스스로 의문을 해소해 냈다.

'흔들리지 않아야 내 소중한 허리가 지탱되겠구나.'


25년 만에 얻은 깨달음이었다.

## 고정관념의 최신화

2020년 시몬스는 150주년 기념 광고 캠페인을 펼쳤다. 새로운 광고 메시지는 '매너가 편안함을 만든다(Manners Maketh Comfort)'. 지하철 민폐 승객과 슈퍼마켓 새치기를 키치하게 그려낸 감각적인 광고다.

25년 동안 시몬스 광고는 매번 세간의 주목을 받았다. 그런데 이번에는 어딘가 생경했다. 시그니처 내레이션도 조금 바뀌었다. 외국인의 혀 꼬부라진 발음으로.

"흔둘리지 않눈 푠안함. 와우, 씨몬쓰."

매너와 편안함이 대체 무슨 관계일까. 포털 사이트에 '시몬스 광고'를 검색해 봤다. 연관 검색어에 '시몬스 광고 의미'가 떴다. 나만 궁금한 게 아니었던 모양이다.

당시 성수동에서는 시몬스 팝업 스토어가 운영되고 있었다. 다섯 평 남짓한 공간에 '시몬스 하드웨어 스토어'라는 이름을 붙이고 시몬스 굿즈를 판매한 것. 목장갑, 노트, 연필, 줄자, 작업복, 헬멧, 소화기, 박스 테이프, 안전모, 점프 수트 같은 굿즈들은 하나같이 알록달록하고 인스타그래머블했다.

그곳에는 꼭 있어야 할 것 같은 것이 없었다. 바로 침대. 공간

제약 탓에 침대를 두지 못한 수준이 아니었다. 침대와 관련된 소품이나 침대를 홍보하는 그 어떤 것도 눈에 띄지 않았다.

그래서인지 친구와 신나게 쇼핑을 즐기고 양손 무겁게 귀가하는 동안 우리는 침대에 관련된 이야기를 일절 나누지 않았다. 그저 굿즈 퀄리티에 대한 감탄과, 품절되어 사지 못한 굿즈에 대한 아쉬움을 나눴을 뿐. 그러면서 "이천에 있는 시몬스 테라스는 상시 오픈이라고 하니, 언젠간 거기에 가보자"고 기약했다.

그날 나는 인스타그램에 여러 장의 사진을 올리며 이렇게 적었다.

**위**
성수동 시몬스 하드웨어 스토어.
브랜드를 매개로 소통하는 '소셜라이징' 콘셉트의 팝업 스토어로,
2020년 4월부터 6월까지 문을 열었다.
©시몬스

**아래**
시몬스 점프 수트와 헬멧을 구입한 친구.
친구는 시몬스 침대를 쓰고 있지는 않지만
브랜드로서의 시몬스를 좋아한다.
©김키미

시몬스 'Manners Maketh Comfort' 광고는 솔직히 공감하기 어려웠다.

(매너 무엇?)

반면 팝업 스토어에서는 #플렉스해버렸지뭐야.

메시지고 뭐고 힙한 게 최고시다! 굿즈 퀄리티 감동!

그리고 시몬스 관련 기사에서 발견한 시몬스 광고의 속내도 덧붙였다.

침대는 자주 소비가 일어나는 품목이 아니다. 평생 동안 많아야 3~4개의 침대를 구입하는 소비자들에게 브랜드를 인지시키고 제품을 팔려면 어떻게 해야 할까. 시몬스 침대가 침대와 관련 없는 브랜딩에 공을 들이는 이유다. 재밌어서 관심을 갖게 되고, 한 번 괜찮다는 인식이 생기면 침대 구입 시기가 왔을 때 자연스레 이름을 떠올릴 수 있다.

_〈중앙일보〉 기사 중

## 고정관념의 작동 원리

브랜드는 고정관념이다. 고정관념이 작동하는 데는 일정한 패턴이 있다. 만약 누군가가 나에게 "시몬스와 에이스 중 매출이 시몬스 굿즈.
지역 사회와 어울려 공존한다는 취지에 맞게,
수제 공업이 발달한 성수동의 아이덴티티를 담은 굿즈가 많았다.
©시몬스

더 높을 것 같은 브랜드를 1초 만에 말하라"고 하면 뭐라고 답하게 될까?

시몬스다. 객관적인 사실을 떠나 '얼마나 쉽게 떠오르는가', 즉 회상 용이성이 작용하는 것이다. 시몬스 팝업스토어에 가서 굿즈를 사고, 시몬스 광고 속에 담긴 메시지를 검색해 보고, 지인들에게 시몬스 침대를 추천받아 무척 비싼 값을 주고 구입까지 한 내가 별다른 정보 없는 에이스 침대를 떠올릴 가능성은 낮다.

이는 휴리스틱(Heuristics) 이론으로 설명된다. 쉽게 말해 '어림짐작론'. 이상적인 답이 아닌 만족할 만한 수준의 적당한 답이 필요할 때, 사람들은 어림짐작해 답한다. 불충분한 시간이나 정보로 인해 합리적인 판단을 할 수 없거나, 체계적이면서 합리적인 판단이 굳이 필요하지 않은 상황이 그런 경우다. 그럴 때 사람들은 변수 고려 과정을 건너뛴다. 경험과 직관에 의존해 답을 내린다. 오류를 범할 가능성이 높다는 걸 알지만, Why Not? 상황에 맞춰 효율을 따를 뿐이다. (찾아본 결과 2020년 기준 매출은 시몬스보다 에이스가 좀 더 높다.)

휴리스틱의 다른 이름이 바로 고정관념.

흘러넘치는 정보의 홍수 속에서 우리 뇌는 '체계적이면서 합리적인 판단이 굳이 필요하지 않은 상황'이라면 알아서 고정관념을 작동한다. 받아들여야 할 정보와 그렇지 않은 정보를 구분한다. 복잡한 건 단순화해 기억한다. 경험적 지식을 동원해 판단한다. 나와 관련 없거나 주의를 끌지 않는 정보는 흘려보낸다. 필요한 정보만 필요한 때에 탐색한다. 그 편이 효율적이기 때문이다.

"침대는 시몬스지."

고객의 입에서 그 한 줄의 고정관념이 나오게 되기까지 브랜드는 일관된 메시지를 전한다. "흔들리지 않는 편안함"을 25년간 주입한 것처럼 말이다. 그리고 침대 없는 브랜딩 활동으로 힙한 브랜드, 친근한 브랜드, 세련된 브랜드로 정교하게 인식을 전환하며 '언젠가 침대를 구입할' 잠재 고객들의 마음에 고정관념이라는 뿌리를 내린다.

일회적인 감명(impression)을 주는 방식이 아니라, 브랜드에 대해 갖는 느낌(perception)을 평소에 잘 가꾸는 전략이다.

## '최종'에서야 주목한 '최초'의 이야기

마지막으로 흥미로운 경험은, 구매 결정의 단계에 이르러서야 150년 된 브랜드 헤리티지가 힘을 발휘했다는 점이다.

1870년 미국에서 젤몬 시몬스가 창업했다는 것. 철사를 꼬아 만든 침대 스프링 특허를 내고 대량 생산 시스템을 만들어서 침대 가격을 12분의 1로 줄였다는 것. 그래서 시몬스가 '침대 업계의 포드'로 평가받는다는 것.

젤몬 시몬스 2세도 아버지를 이어 '세계 최초' 기록들을 만들어냈다는 것. 세계 최초로 포켓 스프링 제조 기술을 기계화하고, 세계 최초로 수면 과학 연구소를 설립하고, 세계 최초로 킹·퀸 사이즈 매트리스를 출시한 게 모두 시몬스였다는 것. 그리고 토머스 에디슨, 헨리 포드, 조지 버나드 쇼, 엘리너 루스벨트 등의 유명 인사들이 시몬스 침대를 이용했다는 것.

그런 브랜드를 1992년에 한국에 소개한 사람은 에이스침대 창업자이고, 현재 한국 시몬스 대표와 에이스침대 대표는 형제지간이라는 것.

이 모든 이야기가 시몬스에 관심이 생긴 뒤에야 흥미롭게 다가왔다. '필요한 때' 접한 '필요한 정보'이기 때문이다.


침대를 바꾸고 요통은 사라졌다. 25년간 학습된 고정관념의 결실이었다.

이천 시몬스 테라스 내 헤리티지 앨리.
1870년부터 이어온 시몬스의 역사를 전시한 공간.
창업자 젤몬 시몬스가 매트리스 도안 및
침대 프레임 디자인 작업을 하던 아틀리에.
젤몬 시몬스 2세가 설립한 '더 슬립 리서치 파운데이션'도
똑같이 재현돼 있다.
©시몬스

**참고 자료**

- 김봉진, 《책 잘 읽는 방법》, 2018, 북스톤.

- 김하나, "[김하나의 측면돌파] '있어빌리티'를 위해 책을 읽다
(G. 김봉진 우아한형제들 대표)", 〈채널예스〉, 2018.4.5.

- "Media", 시몬스 공식 홈페이지.

- "Heritage", 시몬스 공식 홈페이지.

- 조진서, "[DBR]문구—철물점? 침대없는 팝업스토어 연
시몬스", 〈동아일보〉, 2020.4.22.

- 이병주, "시몬스? 침대 브랜드? 그런데 침대가 없네?
온·오프라인서 유쾌한 팬덤이 환호하다", 〈동아비즈니스리뷰
309호〉, 2020.11.

- 유지연, "[江南人流] 재밌어야 팔린다…시몬스의 '침대없는'
마케팅", 〈중앙일보〉, 2020.5.29.

- 정진규, "[Top 10 Korea] 에이스침대, 올 상반기 최고 매출액
달성해..", 〈CP〉, 2020.9.29.

- "휴리스틱 이론", 위키백과.

2부

직업인의
브랜드
자산
키우기

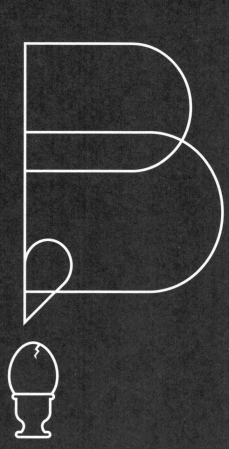

## 06 가치 있는 브랜드 자산에 베팅하기

세이브더칠드런

### 책 쓰기라는 노동의 값어치

1950년대. 가난한 집안의 여자아이가 학업을 이어가려면 피나는 저항이 필요했던 시절. 엘레나 페란테의 소설《나의 눈부신 친구》의 주인공 두 소녀도 그랬다.

"여자가 그 책을 썼는데 돈을 엄청나게 벌었대. 가난했던 가족한테 돈을 갖다줄 만큼."

릴라와 레누는 중학교 진학을 앞두고 있었고, 가난에서 벗어나기 위해 싸워야 했다. 그래서 생각지 못한 돈이 생겼을 때 두 소녀는 책을 산다. 위 대사 속의 '그 책', 희대의 베스트셀러《작은 아씨들》이다. 책을 읽고 또 읽으면서 책 쓰는 법을 연구했고, 릴라는 정말로 책을 썼다. (그래서 부자가 되었는지는 말하지 않겠다. 궁금하다면 소설 혹은 동명의 드라마로 확인해 보시길.)

만약 릴라와 레누가 2020년대의 대한민국에 살았다면 어땠을까. 가난하더라도 성별 때문에 중학교 진학을 포기할 일은 아마 없을 거다. 그리고 돈 벌기를 목적으로 작가를 꿈꾸는 것도 다시 생각해 볼 일.


작가 인세는 보통 10퍼센트다. 책값이 15,000원이라고 가정하면 책 1권이 팔릴 때마다 작가에게 1,500원이 돌아가는 것. 5개월간 꼬박 집필했다는 전제로 2020년 최저 임금 기준의 기대 수익을 계산하면 8,976,550원. 책을 약 6천 권 팔아야 한다. 6천 권이 얼마나 까마득한 숫자인지 출판계 사정을 아는 이들은 셈하지 않고도 알 수 있다.

업계에서는 '초판만 다 팔아도 성공'이라는 말이 돈다. 2018년 기준 일반 단행본의 초판 1쇄 발행 부수는 평균 1,254부. (인쇄 부수에 따라 다를 수 있지만) 6천 권을 팔려면 5쇄를 찍어야 한다. 그런데 초판을 다 파는 데만 평균 16개월이 걸린다고 한다.

고로, 집필 기간이 얼마가 되었든 출간 이후 16개월 동안 총

188만 1천 원을 벌기에도 빠듯한 작업이 바로 책 쓰기라는 말이다. 이보다 더 ROI(투자자본수익률) 안 나오는 일이 또 있을까?

나의 경우 1년 넘게 이 책을 놓고 골머리 앓고 있으니, 운 좋게 초판이 다 팔린다 해도 월 15만 원 이하의 노동을 하고 있는 셈이다. 시간당 페이로 계산하면 더 우울한 숫자를 보게 될 것 같아 셈하기를 관뒀다.


## ROI가 의심되는 캠페인

여기 더 가슴 아픈 숫자가 있다.

전 세계에서 연간 100만 명의 신생아가 태어나는 날 사망한다고 한다. 생후 4주 이내에 사망하는 신생아는 약 250만 명. 이들을 살리기 위해 국제구호개발 NGO 세이브더칠드런에서는 매년 신생아살리기 캠페인을 진행한다. 알 만한 사람들은 다 아는 모자 뜨기다.

생후 24시간이 생사를 결정짓는 골든 타임. 모자와 담요로 아이의 체온을 1~2도 높이는 캥거루 케어는 신생아 사망률을 70퍼센트까지 줄일 수 있다고 한다. 흔히 아프리카를 더운 곳이라

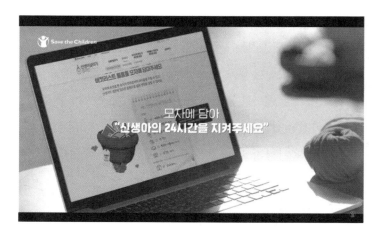

고 알고 있지만, 일교차가 크기 때문에 캥거루 케어 방식은 신생아의 저체온증을 막아주는 데 톡톡한 역할을 한다.

체온을 높여 면역력이 증가한 아이가 골든 타임을 잘 견뎌내면 이후 4주를 견뎌낼 확률이 높아진다. 4주를 무사히 보내면 1년까지 살아낼 확률이 높아지고, 1년을 살아내면 5세까지 건강하게 살 확률이 높다. 그리고 5세까지 산 아이들은 무럭무럭 자라 평균 수명까지 살 수 있게 된다.

털모자 하나로 소중한 생명을 살려낼 수 있다고 하니, 합리적

의심을 해볼 만하다.

'더 많은 모자를 보내면 더 많은 생명을 살릴 수 있지 않을까?'

한 땀 한 땀 정성 들여 뜨개질한 모자도 좋지만, 기계의 힘을 빌려 대량 생산하는 편이 효율적일 수도 있다. 한때 이 캠페인의 ROI를 의심했던 나는 '모자를 사서 보내도 되나?'가 제일 궁금했다. 이런 생각을 비단 나만 해본 건 아닐 것이다.

## 모자와 모자 뜨기의 차이

신생아의 직접 사망 원인은 미리 예방할 수 있는 질병이 대부분이다. 폐렴, 설사, 말라리아 같은 것. 탯줄을 자를 클립조차 없거나 있더라도 비위생적인 열악한 환경 탓이다. 좀 더 위생적인 환경이 마련되었더라면, 깨끗한 식수가 공급되었더라면 작은 생명의 불씨가 꺼지지 않았을지도 모른다.

세이브더칠드런 코리아는 2~5만 원대의 모자 뜨기 키트를 판매하고, 그 수익금을 출산 환경 개선에 사용한다. 구매자가 곧 기부자이고, 기부자의 참여로 온기가 더해지는 시스템. 털모자는 신생아를 살리기 위한 여러 조치 중 하나인 셈이다.

수익금의 쓰임새는 다양하다. 소독된 면도칼, 탯줄 클립, 항균

비누, 멸균 장갑, 면 침대보 등으로 위생적인 출산 환경을 갖출 수 있도록 돕는다. 갓 태어난 아이에게 필요한 깨끗한 식수와 필수 약품 등을 제공해 감염 질병으로부터 아이를 보호한다. 숙련된 산파와 보건 전문 인력, 산전후 검사를 지원함으로써 산모의 출산 합병증을 줄인다.

'모자 수 = 살릴 수 있는 신생아 수'라는 단순한 공식을 대입해 이 캠페인을 바라보았던 나는 조금 부끄러워졌다. 털모자와 담요조차 갖춰지지 않은 환경이라면 모자만으로는 근본적인 개선이 힘들 거라는 걸 간과했다.

모자 뜨기가 아니라 신생아를 살리는 모자를 살 수 있도록 기부해 달라는 캠페인이었다면 어땠을까. 참여자들의 자발적인 바이럴은 기대하기 힘들었을 것이다. 이 캠페인의 핵심은 '모자 뜨기'라는 행위를 한 참여자들이 자신의 선의를 알리고 퍼뜨리는 데 있다.

기부든 모자 뜨기든, 알아야 참여한다. 1명의 참여자가 100명의 사람들에게 알리고, 그중 1명이라도 마음을 움직여 참여하게 되면 또 다른 100명에게 캠페인이 알려진다.

참여형 기부의 선순환 구조로 지난 13년간 신생아살리기 캠페인에 약 93만 명이 참여했다. 211만 3천여 개의 모자가 만들어졌다. 세네갈, 에티오피아, 우간다, 잠비아, 코트디부아르, 타지키스탄 등 13개국의 신생아가 생을 이어갔다.

세상에 관심을 가지는 따뜻한 마음의 바이럴을 금액으로 환산할 수 있을까?

세이브더칠드런의 궁극적인 지향이 '1회의 캥거루 케어'가 아님에도 불구하고 모자 뜨기라는 행동에 초점을 맞춘 건, 모자만으로는 개선되기 힘든 환경을 널리 알리고 싶은 진심이었을 것이다.


## 모자 사기와 모자 뜨기의 차이

언제부턴가 일상을 파고든 재테크 열풍 앞에 나는 모자를 사는 것과 뜨는 것의 차이를 헤아린다. 주식이든 부동산이든, 돈을 벌기 위해 돈을 투자하는 건 '모자 사기'와 같다. 한편 누군가는 세상에 하나밖에 없는 자기만의 모자를 가지기 위해 '모자 뜨기'를 할 것이다.

많은 수의 모자를 가지기 위해 돈을 투자하는 것과 단 하나의 모자를 가지기 위해 시간을 투자하는 것. 사람에 따라 어느 한쪽을 선택할 것이다. 물론 둘 다 선택해도 좋다. 이 모자든 저 모자든 자산이라는 점은 같다.

숫자로 볼 수 있고 화폐로 만질 수 있는 것만이 자산인 건 아니다. 볼 수도 만질 수도 없고, 당장에 얼마라고 값을 매기기도 어렵지만 언젠가는 분명히 이익으로 돌아오는 자산도 있다. 브랜드라는 무형의 자산이 그렇다.

데이비드 아커는 브랜드 자산을 '브랜드의 이름과 상징에 관련된 자산과 부채의 총체'라고 정의했다. 브랜드 자산 가치가 높은 기업은 경쟁 기업에 비해 차별화된 우위를 점한다. 그로 인해 더 높은 이익을 창출한다.

길에서 파는 상표 없는 운동화와 나이키 운동화를 비교해 보자. 같은 디자인에 같은 성능을 가진 운동화여도 나이키 스우시 로고가 그려져 있으면 (심지어 그게 모조품일지라도) 단가가 뛴다. 운동화가 놓이는 매대가 달라지고, 운동화를 대하는 고객의 행동도 달라진다. 그게 바로 브랜드의 힘이자 브랜드가 만들어내는 가치다.

그럼에도 많은 기업이 나이키가 되려고 하기보다는 지금 당장 상표 없는 운동화를 한 켤레라도 더 팔기를 원한다. 그게 더 쉽기 때문이다.

성공하는 기업은 반드시 두 가지를 동시에 번다. 하나는 수익,

다른 하나는 가치다. 모자 사기와 모자 뜨기를 동시에 열심히 하는 것이다. 기업의 존재 이유를 알리고 고객의 동참을 이끌어내고 특정한 이미지로 떠올려지기 위한 일련의 활동이 동반될 때, 기업은 브랜드로 받아들여진다. 지속 가능성이 열린다.


## 나만의 모자 뜨기에 베팅하기


다시 책 쓰기로 돌아가 보자.

개인 브랜드로서의 책 쓰기는 한 권의 명함을 만드는 일과 같다. 손바닥보다 작은 종이에 소속, 직업, 직급을 나열한 피상적인 명함이 아니라 온전히 나의 힘으로 나를 표현한 나만의 명함. 견고한 모자 뜨기 작업이다.

이 모자의 힘은 상당하다. 나의 이름을 달고 전국 서점에 퍼진다. 나를 몰랐던 사람들이 나의 생각을 펼쳐 읽게 된다. 운이 좋으면 의외의 기회로 연결될지도 모른다. 첫 출간을 발판 삼아 두 번째 책을 출간할지도, 예상치 못한 영역으로 저변을 넓힐지도 모른다. 16개월에 걸쳐 겨우겨우 초판 판매에 그친다 하더라도 '무슨 책의 저자'라는 타이틀은 사라지지 않는다.

결코 ROI를 따질 수 없는 자산이 생기는 것이다.

브랜드 자산을 축적한다는 건 사실 형체 없는 무언가에 장기적인 투자를 하는 것과 같아서 도박처럼 여겨질 수 있다. 뚜렷한 결과를 얻기 어렵고, 결과를 보기까지 얼마나 많은 시간이 걸릴지 장담할 수 없다. 때로는 시류에 편승하고 싶은 유혹을 뿌리쳐야 하고 남들보다 뒤처지는 듯한 불안감을 극복해야 한다.

그럼에도 가치 있는 일이라 판단된다면, 가치 창출이 보장된 모자 뜨기를 기획했다면, 자신에게 크게 한번 베팅해 보기를 권한다. 우직하게 밀고 나가보는 거다.

모자 뜨기를 하는 시간 동안 속세의 계산기는 잠시 넣어둬도 좋겠다.

**참고 자료**

- "세이브더칠드런 신생아살리기 캠페인", 세이브더칠드런 홈페이지.

- 이윤희, "세이브더칠드런, 신생아살리기 캠페인 시즌14 시작", 〈복지연합신문〉, 2020.11.2.

# 07 강점에 집중해 브랜드 각인시키기

## '평균'으로 평가받았던 기억

고등학교 3년 동안 아빠는 나를 '이십점육'이라고 불렀다. 고1 어느 시험에선가 공통수학 과목에 20.6이라는 점수가 찍힌 성적표를 들고 간 뒤부터다. 그렇다. 나는 수학 포기자였다.

'이십점육'을 발음하기 귀찮을 때 아빠는 나를 '가수'라고 불렀다. 공통수학은 늘 '가'였고 한문은 늘 '수'였기 때문이다. 이십점육보다는 가수라고 불리는 편이 나았다.

여느 수학 포기자들이 그렇듯 수학 시험 시간에 나는 아는 문제만 몇 개 푼 뒤 (주로 단순 산수 문제였다.) 나머지는 한 줄로 찍고 푹 잤다. 하지만 한문 시험은 100점을 목표로 열심히 풀었다. 한

자 경시대회 상을 휩쓸었다. 집에서는 가수였지만 친구들 사이에서는 '한문 천재'로 통했다. 한문만큼 미술에도 자신 있었다. 국어, 윤리, 사회 등의 문과 과목도 좋아했다. 체육도 좋아해서 중고등학교 내내 체육부장을 도맡았다.

하지만 그놈의 수학이 발목을 붙잡았다. 수학 점수를 올리지 않는 한 평균 점수와 석차를 올리는 데 한계가 있었다. 좋아하는 걸 잘하려는 노력, 잘하는 걸 더 잘하려는 노력만으로는 부족했다.


특목고를 나와서 명문대에 진학한 친구 한 명은, 유독 낮은 수학 점수 때문에 족집게 과외를 받았다고 했다. 평균을 높이기 위해 큰돈과 시간을 들인 것이다. 그럼에도 불구하고 원하는 만큼 점수가 오르지 않아 스트레스가 이만저만이 아니었는데, 결국 입학한 대학 전형에서는 수학 점수를 아예 보지 않았다.

친구는 당시의 스트레스를 회상하며 "돈과 시간을 낭비했다"고 말했다.

수학에 들였던 노력을 친구가 잘하던 다른 과목에 집중했다면 다른 방향으로 긍정적인 결과가 나왔을지도 모를 일. 적어도 스트레스는 덜했을 것이다. 안 그래도 힘든 수험생 시절을 좀 더 순탄하게 지낼 수 있었을 테니까.

## 모바일 화면 속 선택과 집중

과거 IT 서비스 기획자로 일하면서 나는 '평균'이 그다지 중요하지 않다는 사실을 깨달았다. 작은 모바일 화면 속에서 직관적인 인터페이스를 설계하려면 결코 평균값이 통용될 수 없기 때문이다.

이커머스의 상품 리스트를 떠올려보자. 어떤 커머스에서든 하나의 상품 정보를 보여주기 위해 상품 이미지, 상품명, 판매가를 표시한다. 상품에 따라 할인 정보를 표시하는 곳도 있다. 금액 할인, 퍼센티지 할인, 타임세일, 1+1 등 할인 종류가 다양할수록 표시되는 정보가 복잡해진다. 상품의 공신력을 보여주고 싶은 경우 리스트에 평점과 리뷰 수를 표시하기도 한다. 그뿐인가. 상품을 '보러 가는' 행위 외에 여러 액션까지 기대한다. 저장 버튼, 장바구니 버튼, 바로 구매 버튼이 그런 것.

자그마한 영역 안에 모든 걸 표현하려면 반드시 어느 부분은 강해지고 어느 부분은 약해진다. 그래야 '직관'에 가까워질 수 있다.

"우리 서비스는 비주얼 감각이 뛰어나니까 이미지 전달에 집중하고, 나머지 정보는 상세 페이지에서 풀어내자", "단골 고객이 자주 구매하는 상품을 빠르게 담고 결제할 수 있도록 장바구니 버튼 사용을 편리하게 하자" 같은 의사 결정으로 선택과 집중을 하는 것이다.

하지만 일이란 언제나 이상처럼 흘러가지 않는 법.

어떤 요소도 덜어내지 않고 강약 조절도 없이 모든 요소가 '강강강'을 외치는 경우가 생기기 마련이다. 여러 이해관계의 충돌을 절충한 안, 의사 결정권자의 주관적 판단에 의해 통과된 안이 대개 그런 '강강강' 스타일. 결국 사용자에게는 어떤 임팩트도 주지 못하는 그저 그런 인터페이스가 나오는 일이 적지 않다.

그런 의미에서 브런치의 등장은 매우 놀라웠다.

2015년 6월 론칭한 브런치는 카카오의 콘텐츠 퍼블리싱 플랫폼으로, '글이 작품이 되는 공간'이라는 슬로건을 내걸었다. '좋은 글을 쓰고 싶은 모든 이들을 위해 시작한 서비스'라는 설명에 걸맞은 사용자 친화적인 플랫폼이었다. 특히 하얀 종이에 까만 펜을 쥐여준 듯한 글쓰기 에디터는 글을 다루는 국내 서비스 중에서 유례를 찾아볼 수 없을 정도로 정제된 인터페이스였다.

## '브런치'라는 그릇의 시작

"서비스명이 왜 브런치인가요?"

브런치 작가 중 한 명으로 브런치팀을 흠모하던 내가 브런치팀 멤버가 된 건 2018년 초. 그동안 너무나 궁금했던 것을 직접 질문할 수 있게 되었다.

본래 '브런치'는 프로젝트명이었다. 아침 겸 점심을 뜻하는 그 'brunch'다. 브런치 카페에서는 달걀프라이 하나도 근사하게 플레이팅된 요리 같다. 대접받는 기분이 든다. 집에서 먹는 달걀프라이와의 차이점은 바로 담음새. 같은 재료라도 어떻게 담아내느냐에 따라 '끼니'가 될 수도 있고 '요리'가 될 수도 있다.

글도 그렇다. 똑같은 글을 써도 브런치라는 그릇에 담기면 아름다운 작품이 된다. 작가가 글에만 집중할 수 있는 환경을 집요하리만치 고민한 결과 '브런치'라는 형식이 만들어졌다.

브런치 프로젝트가 시작된 2014년 콘텐츠 소비 시장은 스낵컬처의 전성시대였다. 페이스북에서는 너도나도 카드뉴스를 공유하고, 인스타그램 유저는 계속해서 늘어났으며, '우주의 얕은 재미'가 트렌드이던 시절. 모두가 '이미지'를 주목할 때 브런치 팀은 외로이 '글'에 집중했다.

**시대를 막론하고 좋은 글이 갖는 힘이 있는데, 온라인에서 글을 어떻게 쓰고 봐야 할지 고민하는 서비스는 왜 없을까? 우리가 이 문제를 해결해 보자.**

롱런하는 콘텐츠에는 진정성이 있다. '글'이 진정성을 담아내는 가장 좋은 포맷이라는 건 시대를 막론한 불문율. 좋은 글은 수많은 사람에게 영향을 미치고, 시간이 지나 다시 읽어도 그 가치가 오롯이 살아 있다. 좋은 글을 쓰고 싶어 하는 이들이 있기에 브런치의 도전은 가치 있었다.

## 있으면 좋을 법한 것은 없어도 되는 것

두 손가락보다 열 손가락으로, 열과 성으로 글을 쓰는 사람들이 우리의 메인 타깃이다.

처음부터 서비스 타깃이 명확했다. 브런치팀은 그들의 목소리에 귀 기울였다. 글 좀 쓴다는 이들의 글쓰기 행태를 관찰하고 인터뷰했다. 그로부터 도출된 결론은 세 가지.

첫째, 작가는 글쓰기에만 집중하고 싶어 한다.

둘째, 작가는 글쓰기보다 꾸미기에 더 스트레스를 받는다.

셋째, 작가는 글을 모바일에서 쉽게 수정하길 원한다.

블로그나 홈페이지를 운영하지 않는 작가는 모두 하나같이 '한글' 파일을 열어 글을 썼다. 글쓰기에만 몰두하기 위해 일부러 인터넷 접속을 끊기도 했다.

블로그나 홈페이지를 운영하는 작가들은 글을 쓰는 것만큼이나 글을 발행하고나서의 심미성과 가독성에 신경 썼다. 사진을 첨부하거나 레이아웃을 다듬으며 꾸미는 과정에 글쓰기만큼의 시간을 투자하기도 했다.

또한 독자들이 모바일에서 보는 환경까지 고려했다. PC에서 글을 쓰고 모바일 앱에서 확인하고 또 수정하는 과정을 반복하며 글을 완성했다. 그러나 당시 대부분의 서비스에서는 모바일 앱 에디터 기능에 제약이 있었다. PC 에디터에서만 다양한 기능을 제공했기 때문이다.

그래서 브런치는 PC 웹과 모바일 앱이 완벽히 호환되는 에디터를 자체 개발했다. 작가가 오로지 글쓰기에만 집중할 수 있게 했다. 하얀 종이처럼 심플한 에디터를 제공했다. '있으면 좋을 법한' 요소를 모두 덜어내고 꼭 필요한 요소만 남겨 오른쪽으로 밀었다. 왼쪽부터 시선을 두고 글 쓰는 동선을 고려한 배치.

모든 결정의 기준은 '작가'였다. 아이데이션을 할 때마다 회의실 화이트보드에 'for writers'라고 써두었다. 작가를 위한 것이면 진행하고, 그렇지 않으면 멈췄다. 다 만들어진 기능이라도 서비스의 본질을 해치는 요소라고 판단되면 모두 제거했다.

그 결과 작가들이 인정하는 작가를 위한 플랫폼이 탄생했다.

**글쓰기의 본질에 집중하겠다는 메시지가 좋았어요. 다른 글쓰기 플랫폼은 글 외의 것에 에너지를 더 많이 써야 하는 경향이 있는데 브런치는 그렇지 않았어요. 콘텐츠와 작가를 귀하게 여긴다는 느낌을 받았습니다.**

_브런치 작가 정문정

온라인으로 콘텐츠를 만들어 유통한다는 관점에서 과거에는 브런치 PC 웹 게시 글 화면 아이데이션.
신문이나 잡지를 오려 붙여 이상적인 게시 글 화면에 대한 구상을 논의했다.
ⓒ오성진

브런치가 블로그 서비스 중 하나로 인식되기도 했다. 그러나 둘의 사용성은 전혀 다르다.

블로그는 집을 꾸미는 것과 비슷하다. 대문에 이름과 사진을 건다. 방마다 용도를 구분하듯 여러 개의 카테고리를 만든다. 위젯을 달고 커버를 매만진다. 레이아웃을 고르고 색을 바꾼다. 꾸미기를 마치고 나서야 글쓰기 버튼을 누른다. 블로그에서 글쓰기는 가장 마지막에 하는 행위.

브런치는 다르다. 브런치에서는 그저 글만 쓰면 된다. 브런치가 추구하는 분위기는 미술관을 닮았다. 작품 하나에 온전히 조명을 비춘 공간. '글'이라는 작품과 작가, 그리고 독자만을 위해 존재하는 공간이다.


## 선택하고 집중한 결과

브런치에서는 글을 쓰는 사람을 '작가'라고 부른다. 출간 경험이 없어도, 등단을 하지 않아도, 자신만의 시선을 담아 세상을 향해 글을 쓰는 사람이 브런치 작가다.

브런치의 심플한 에디터에 글을 쓰는 기능은 가입자 모두에게 열려 있지만, 여러 사람이 볼 수 있게 글을 발행하는 기능은 작가에게만 한정된다. 브런치 작가가 되려면 '작가 신청'을 하고 심사 과정을 통과해야 한다.

작가 심사 제도는 론칭 한 달을 앞두고 내려진 결정이다.

오픈 즉시 서비스 운영 모드가 가동되면 스팸성 글과 싸우느라 멤버 모두가 주의를 빼앗길 수도 있는 상황. 아름다운 디자인과 스마트한 에디터라는 분명한 강점이 있었지만, 초반 골든 타임에 메인 타깃에게 브런치를 알리려면 두 가지가 필요했다. 효

2015년 브런치 CBT(클로즈 베타 테스트) 페이지.
브런치 홈에 CBT 작가 100명의 글을 전시하고,
작가 신청을 받았다.
ⓒ브런치

율적인 리소스 관리와 보다 강력한 바이럴 포인트.

브런치팀은 '이런 사람들'이 '이런 글'을 써 올릴 수 있는 서비스가 생겼다는 걸 보여주기로 했다. 먼저 직접 섭외한 100명의 작가들에게만 기능을 열고 클로즈 베타 서비스를 했다. 그들이 쓴 글을 브런치 홈에 전시했다. '이런' 작가들이 '이런' 작품을 만드는 곳이라고 알린 것이다. 그리고 작가 신청을 받아 1,000명의 작가를 선발했다. 그렇게 총 1,100명의 작가와 함께 서비스를 론칭했다. 서비스 취지에 공감한 작가들이 자발적으로 입소문을 냈다. '이런' 글을 쓰고 싶은 '이런' 작가들이 모였다.

당초 3개월 정도만 한시적으로 운영하려고 했던 작가 심사 제도는 현재까지도 운영되며 브런치의 시그니처 콘셉트로 자리 잡았다. 2021년 3월 현재, 4만 2천여 명의 작가들이 '글이 작품이 되는 공간'에서 글을 써 내려가고 있다.

## 브랜더가 강점에 집중해야 하는 이유

좋은 브랜드는 본질을 이루는 단 하나의 키워드에 집중한다. 브런치에게 그것은 '작가'다. 그렇다면 개인 브랜드가 집중해야 하는 키워드는 무엇일까?

개개인이 가진 '강점'에 그 힌트가 있다. 20.6점 받는 수학에 매달리기보다는 100점 받는 한문을 더 열심히 파고들어야 강점을 극대화할 수 있다. 〈여자 둘이 일하고 있습니다〉의 공저자 김하나, 황선우 작가도 '나만의 강점 찾기'의 중요성을 강조한다.

다른 사람들이 내 이름을 들었을 때 어떤 분야를 연관 지어 생각하게끔 만드는 것이 바로 자기 브랜딩입니다. 나에게 일을 주는 클라이언트, 내가 한 일을 보여줄 소비자들… 그런 타깃들의 머릿속에 나의 연관검색어를 심어주는 작업이죠. '그 사람 그거 하나는 잘하지', 하는 걸 각인시키는 거예요.

_김하나

뭐든 닥치는 대로가 아니라, 의식적으로 내 강점을 발휘할 수 있는 일들을 수락하면서 해나갈 때 포트폴리오에 일관적인 방향이 생기는 거죠. 그런 방향성은 남들에게 굳이 알리거나 드러내지 않더라도 스스로는 의식하고 있으면 시간이 흘러 쌓였을 때 큰 힘을 발휘하는 것 같아요.

_황선우

〈여자 둘이 일하고 있습니다〉에서 나는 강점을 발견하는 직접적인 방법을 알게 됐다. '스트렝스 파인더'라는 테스트다. 스트렝스 파인더는 여론 조사 기관 '갤럽'에서 개발한 강점 발견 프로그램. 강점을 34가지 유형으로 구분하고, 테스트를 통해 개인이 가진 5가지 강점 테마를 알려준다. 그리고 《위대한 나의 발견 강점혁명》이라는 책에 각 유형에 대해 자세히 설명한다.

테스트 결과 나의 강점은 전략(Strategic), 집중(Focus), 책임(Responsibility), 주도력(Command), 자기 확신(Self-Assurance)으로 나왔다.

다섯 가지 강점에서 설명하고 있는 '나'라는 사람은 목표 성취 욕구가 뚜렷한 사람이다. 새로운 계획을 세울 때나 신규 프로젝트의 초기 단계에서 아이디어를 발제하고 목표를 제시하는 사람이다. 목표 달성에 방해되는 요소를 제거하고, 동료들이 샛길로 빠질 때 다시 목표를 상기시키는 사람이다. 목표 달성을 위한 책임감이 높고, 주인의식이 뚜렷하다. 퀄리티에 대한 이상향도 높은 편. 자신감을 전염시켜 타인을 이끄는 역할을 하기도 한다. 그래서 신규 프로젝트, 마감 기한이 촉박한 프로젝트, 해결 방법이 뚜렷하지 않은 프로젝트, 주도권을 쥐고 일하는 프로젝트에서 특히 강점을 발휘한다.

돌이켜보니 회사에서 '인정받고 있구나' 체감했던 순간들에는 항상 나의 강점이 있었다. 신규 프로젝트에서 핵심 아이디어를 발제했을 때. 지금껏 성과가 부진했던 과제를 나만의 방식으로 돌파했을 때. 내가 만든 기획안으로 동료들을 설득해 프로젝트를 진행할 때 강점이 제대로 발현됐다. '목표 지향형 인간'으로서의 성과였다.

## 약점을 강점으로 변화시키는 법

잘하는 것을 대단히 잘 해냈을 때는 업무 평가가 후했던 반면, 못하는 것을 잘하려고 노력했을 때의 평가는 미지근했다. 그렇다면 약점에 대한 보완은 전혀 신경 쓰지 않아도 되는 걸까? 사람마다 상황마다 차이가 있겠지만, 강점을 발휘하기 위한 목적으로 약점을 보완하는 것은 어느 정도 필요하다.

먼저 알아두어야 할 것은, '기초'가 돼야 강점을 발휘할 기회가 주어진다는 사실이다.

이제 막 직장 생활을 시작한 주니어라면 업무에 필요한 기초 능력 훈련이 먼저다. '숫자 보는 눈' 같은 기초 중의 기초가 바로 그러한 예.

선천적으로 숫자에 약한 나는 주니어 시절 약점을 보완하기 위해 엑셀을 공부했다. 내 머리에서 나온 셈은 믿을 수 없지만 엑셀 함수는 믿을 수 있었다. 기초 능력이 갖춰진 상태가 되자 업무 기회가 다양해졌다.

기초 외의 약점은 스스로 보완하지 않아도 좋다.

내가 가지지 못한 전문성을 보유한 파트너를 만나면 약점은 저절로 보완된다. 잘 맞으면, 서로의 강점을 극대화하는 시너지를 낼 수도 있다.

브런치에서 매해 개최하는 출판 공모전 '브런치북 출판 프로젝트'도 강점과 강점의 시너지다. 브런치가 주최하고 10곳의 출판사가 참여하는 출판 프로젝트로, 출판사는 수많은 원작 브런치북 중에서 원석을 발굴하고 당선작을 출간하는 역할을 한다.

만약 브런치가 직접 출판을 하려고 나섰다면 어땠을까. 오랜 기간 전문성을 쌓아온 출판사들처럼 훌륭한 책을 만들 수 있다고 장담하긴 어려웠을 것이다. 브런치북 출판 프로젝트를 통해 매해 10인의 새로운 작가가 탄생할 수 있는 건, '출판'에 강점을 가진 출판사의 역할이 크다.

브런치는 그저 플랫폼으로서의 역할을 한다. 그리고 출간작이 나오면 '어떻게 하면 작가를 더 명예롭게 할 수 있을까'를 고민하며 브랜딩 활동을 펼친다. 그것이 브런치다움이고, 브런치가 가진 강점이기 때문이다.

단언컨대, 강점이 없는 사람은 없다. 자신의 강점을 잘 알고 있는가, 그리고 그것을 얼마나 잘 활용하고 있는가의 차이만 있을 뿐.

훌륭한 브랜더는 '의식적으로 내 강점을 발휘하는 일'을 하면서 '그 사람 그거 하나는 잘하지'를 각인시킨다. 좋아하는 걸 잘하면서 빛나는 브랜드가 된다.

《위대한 나의 발견 강점혁명》에서 설명하는 34가지 유형의 강점 테마를 나열한다. 아직 강점을 만나지 못했다면, 위대한 발견을 하게 되기를 바라며.

개발Developer · 개별화Individualization · 공감Empathy · 공정성Consistency · 긍정Positivity · 미래지향Futuristic · 발상Ideation · 배움Learner · 복구Restorative · 분석Analytical · 사교성Woo · 성취Achiever · 수집Input · 승부Competition · 신념Belief · 심사숙고Deliberative · 연결성Connectedness · 자기 확신Self-Assurance · 적응Adaptability · 전략Strategic · 절친Relator · 정리Arranger · 존재감Significance · 주도력Command · 지적사고Intellection · 집중Focus · 책임Responsibility · 체계Discipline · 최상화Maximizer · 커뮤니케이션Communication · 포용Includer · 행동Activator · 화합Harmony · 회고Context

**참고 자료**

–   손현, "새 서비스를 준비하는 기획자에게 들려주고 싶은
    이야기", 브런치, 2019.2.20.

–   오성진, "브런치, 그리고 브런치 에디터(1)", 브런치, 2015.7.7.

–   오성진, "브런치, 그리고 브런치 에디터(2)", 브런치,
    2016.6.22.

–   브런치팀, "브런치에 오신 것을 환영합니다", 브런치,
    2015.6.12.

–   브런치팀, "브런치 작가 신청 안내", 브런치, 2015.6.18.

–   브런치팀, "작가 인터뷰 – 베스트셀러 작가 정문정과 브런치",
    브런치, 2018.2.13.

–   김하나, 황선우, 〈여자 둘이 일하고 있습니다〉, 퍼블리, 2021.

–   톰 래스, 도널드 클리프턴 저 / 갤럽 역, 《위대한 나의 발견
    강점혁명》, 2017, 청림출판.

# 08

# '하지 않음'으로써
# 브랜드 가치를 높이는 법

《미쉐린 가이드》

## 미식계 바이블의 탄생 비화

1891년 프랑스에서 열린 경륜대회.

샤를 테롱 선수는 1200킬로미터 장거리를 71시간 18분에 달리는 기록을 세우며 우승을 거머쥐었다. 2위와 9시간 격차를 벌린 압도적인 우승이었다.

유례없는 대기록의 비밀은 자전거 타이어에 숨어 있었다. 세계 최초로 탈착 가능한 공기 압축식 타이어를 적용했던 것. 앙드레 미쉐린, 에두아르 미쉐린 형제가 만든 미쉐린 타이어의 역사가 시작된 것이다.

미쉐린 타이어의 기술력은 1895년부터 자동차에도 적용되었다. 프랑스에서 굴러다니는 자동차가 3,000여 대에 불과하던, 자동차 산업의 태동기였다.

당시 자동차는 최상위층 부자들의 전유물. 구입은 물론 관리에도 많은 돈과 노력이 필요했다. 열악한 도로 여건은 물론이고, 고속도로에 가로등도 없었고 주유소도 없었다. 자동차가 있어도 자동차 생활을 영위하기 어려운 환경. 운전 자체가 모험이었다.

《미쉐린 가이드》가 세상에 나온 건 그즈음이다.

우리가 흔히 '미슐랭 가이드'라고 알고 있는 그것. 프랑스어로 기드 미슐랭(Guide Michelin), 영어로 미쉐린 가이드(The Michelin Guide)라 부르는 미식계 바이블 말이다.

《미쉐린 가이드》는 본래 자동차 생활 안내서였다. 자동차 타이어 교체 방법, 대용량 가솔린 컨테이너를 파는 약국의 위치, 1년 내내 문을 여는 정비소, 연중 일몰 시간표 등과 함께 지도를 넣었다. 그리고 덧붙인 치트키가 바로 맛있는 레스토랑과 호텔 정보. 자동차의 잠재 고객인 부자들에게 '이 책 한 권이면 자동차 관리 어렵지 않아요'라고 말하면서 자동차를 타고 갈 수 있는 최고급 레스토랑까지 소개한 것이다. 자동차 수요가 늘어나야 타이어 생산량도 늘어날 거라는 걸 잘 알고 있었던 미쉐린 형제가 내놓은 묘안이었다.

출간 첫해였던 1900년에는 3만 5천 부를 만들어 배포했다. 그 뒤로 해마다 정보를 업데이트해 새 책을 배포했다.

프랑스 안에만 머무르지 않았다. 1904년 벨기에를 시작으로 유럽 국가부터 진출했다. 전 세계로 뻗어 나갔다. 레드 가이드(레스토랑과 호텔 정보)와 그린 가이드(관광 정보)를 분리해 전문성을 강화했다. 레드 가이드에서 소개하는 레스토랑의 영향력이 점점 커지자 비밀 평가단을 만들었다. 1~3스타 차등 부여 시스템을 도입했다. 전 세계 셰프들의 가슴을 쥐락펴락한다는 바로 그 '미쉐린 스타' 제도다.

## 《미쉐린 가이드》의 소명

- 1스타: 요리가 훌륭한 레스토랑
- 2스타: 요리가 훌륭하여 찾아갈 만한 가치가 있는 레스토랑
- 3스타: 요리가 매우 훌륭하여 특별히 여행을 떠날 가치가 있는 레스토랑

미쉐린 스타 기준은 《미쉐린 가이드》의 존재 이유와도 같다. 훌륭한 레스토랑을 알려주면서 '이동성의 향상'이라는 브랜드 목표를 수행하는 브랜디드 콘텐츠로서의 정체성이다. 그것은

미쉐린 형제의 예언처럼 지속되고 있다.

**이 가이드는 한 세기의 시작과 함께 태어났으며 세기와 함께 지속될 것입니다.**

_1900년 《미쉐린 가이드》 초판 서문 중에서

1936년에 완성된 스타 기준을 미쉐린은 엄격하게 사수한다. 미식의 상징이자 권위이고 명성이 된 기준을 지켜내는 일이 자신들의 소명인 것처럼 행동한다. 새로운 무언가를 성취하려 하기보다는 소중한 무언가를 잃지 않으려는 노력으로 똘똘 뭉친 브랜드랄까.

말하자면 그들의 원칙은 Not to do. 무엇을 해야 할지 To do를 결정하는 건 중요치 않아 보인다. 무엇을 하지 말아야 할지 정해두고, 그것을 집요하리만치 철저하게 보수적으로 지키고야 마는 것이다.

## 《미쉐린 가이드》의 Not to do

그들의 Not to do는 세 가지 원칙으로 정리된다.

첫째, 평가원의 신분을 공개하지 않는다.

《미쉐린 가이드》의 평가원은 엄격하게 선발된 프로 미식가다. 업계 경험이 최소 10년 이상이며 관련 학위를 소지하고 있다. 그럼에도 6~12개월간 훈련하며 미쉐린 기준에 맞는 평가 방법을 익힌다. 그리고 나서도 선임 평가원과 동행하며 수습 기간을 거친 후에야 비로소 독립적으로 일할 수 있는 자격을 갖는다.

그들이 신분을 감추고 일반 손님처럼 행동한다는 건 널리 알려진 사실. 레스토랑을 예약할 때는 가명을 쓰고, 주기적으로 전화번호를 바꾸고 담당 지역도 바꾼다. 007 작전이 따로 없다.

간혹 평가원의 신분을 밝히기도 한다. 평가에 필요한 주요 정보를 취득해야 하는 경우다. 그럴 땐 평가를 모두 마친 후에야 본인 소개를 한다. 그리고 더 이상 해당 레스토랑을 평가할 수 없게 된다. 향후 그 레스토랑의 평가는 신분 노출이 되지 않은 다른 평가원에게 이관된다.

철저한 익명성 덕분에 평가원들은 독립적이고 자유로운 환경에서 평가를 할 수 있다.


둘째, 절대 한 번에 결론 내리지 않는다.

《미쉐린 가이드》의 평가원은 냉철한 평가를 위해 때로는 따뜻한 공감 능력을 발휘한다. 그들은 대부분 셰프 출신이거나 외식 업계 종사자로, 레스토랑의 일과를 꿰고 있을 정도로 높은 이해도를 가지고 있다. 그렇기 때문에 어떤 이유로든 '오늘은 일이 잘 안 풀린 날이구나'라는 생각이 들면 평가를 보류하기도 한다. 가차 없이 결론 내리기보다는 먼저 이해하려고 노력한다.

한 레스토랑을 각기 다른 평가원이 방문해 먹어본다. 처음 스타를 매기는 레스토랑이면 몇 번을 더 가서 먹어본다. 조금이라도 애매하면 다시 가서 먹어본다. 《2017 미쉐린 가이드 서울》편에 참여한 익명의 평가원에 따르면 "확실한 평가가 내려졌다고 생각될 때까지 방문한다".

그리고 한 달에 한 번꼴로 미쉐린 본사에 모여 '스타 세션' 회의를 한다. 어느 레스토랑에 몇 개의 스타를 줄지 토론하는 것이다. 만장일치로 합의해야 비로소 미쉐린 스타 수여 여부가 결정된다.


셋째, 스타 기준에 음식 외 요소를 반영하지 않는다.

미쉐린 스타를 평가할 때는 오로지 음식만 본다. 서비스, 분위기, 인테리어, 주류 리스트 등의 환경적인 요소는 차치한다.

위치적 접근성을 보지 않는 건 당연하다. 자동차를 타고 산골짜기를 굽이굽이 들어가야 하더라도 '요리가 매우 훌륭해 특별히 여행을 떠날 가치가 있는 레스토랑'이면 3스타를 받는다.

요리 재료의 수준, 요리법과 풍미의 완벽성, 요리에 대한 셰프의 개성과 창의성, 가격에 합당한 가치, 전체 메뉴의 통일성, 언제 방문해도 변함없는 일관성만을 본다. 그 외 요소는 스타 평가에 영향을 미치지 않는다. 정보 제공을 위해 포크와 나이프를 픽토그램으로 따로 표시만 할 뿐이다.

## 하지 않기 위하여 하는 것

미쉐린은 1957년부터 '빕 구르망' 제도를 도입했다. 미쉐린 스타와는 별개로, 여행자를 위한 가성비 맛집을 소개하는 제도다. '하지 않기'로 일관했던 미쉐린의 빕 구르망 도입은 어떤 의미일까.

오늘날 미식의 기준은 꽤나 높아졌다. 레스토랑을 평가하는 매체와 기관도 수없이 많아졌다. 그뿐인가. 너도나도 미식가를 자처하며 음식을 평론하고 담론한다.

또한 자동차가 부자들의 전유물이던 시대도 갔다. 최고급 레스토랑을 소개하는 것만이 '이동성의 향상'을 만드는 것도 아니다.

그래서 미쉐린은 합리적인 가격에 훌륭한 음식을 즐길 수 있는 레스토랑을 소개하는 별도 코너 격으로 빕 구르망을 만들었다. 유럽은 35유로, 미국은 40달러, 일본은 5,000엔, 한국은 3만 5,000원 이하의 가격에 식사를 제공하는 레스토랑만 빕 구르망을 받을 수 있다. 이러한 가격 설정 덕분에 대중의 입맛을 사로잡은 맛집들이 대거 미쉐린의 선택을 받았다. 화려한 코스 요리나 값비싼 파인 다이닝이 아니어도 《미쉐린 가이드》에 등장할 수 있게 되었다.

빕 구르망으로 인해 '미쉐린 스타' 평가 기준은 오늘날까지 변함없이 사수되고 있다. 변화된 환경을 인정하면서도 브랜드 전통을 지켜낸 영리한 결정이었다. 유일한 To do조차 Not to do를 위한 것이었다.


브랜드를 둘러싼 설왕설래에도 불구하고 《미쉐린 가이드》가 미식계 바이블이 아니었던 적은 단 한 번도 없다. '미식의 북극성'을 자처하며 언제나 우리를 미식의 세계로 안내한다. 지속적인 Not to do 브랜딩의 결과다.

1900년부터 현대까지의 《미쉐린 가이드 프랑스》. 맨 앞 줄 왼쪽이 1900년에 나온 초판이다. ⓒ아후뉴스

## 단 하나의 To do

하고 싶은 걸 꼭 해야만 직성이 풀리는 사람이 있다. 하고 싶은 걸 하고 있으면서도 그걸 하느라 또 다른 걸 하지 못해 아쉬워하는 사람. 나도 그렇다.

아쉬움은 아쉬움으로 끝나지 않는다. 하고 싶은 것은 계속해서 불어난다. 24시간으로는 모자라다. 자는 시간을 아껴도 하고 싶은 걸 다 하기에는 역부족. 애초에 불가능한 도전인 줄도 모르고 욕심 부려 이것저것 두서없이 손대다 보면 깨닫는다. 벌여놓고 끝내지 못한 일이 오조오억 개. 누가 하라고 시킨 것도 아니고, 하지 않는다고 해서 무슨 사달이 나는 것도 아닌데 괜한 자책감이 밀려든다.

그래서 내가 찾은 방법은 연 단위 프로젝트다.

가령, 2020년은 '책만 쓰면 되는 해'라고 정하는 거다. 1년에 단 한 가지만이라도 제대로 해보자는 취지. 그 외에는 하든 말든, 많이 하든 적게 하든 자유다. 일종의 면죄부를 준 것이다. 그런데 이게 엄청난 절제력을 만들 줄이야.

꼭 해내야 할 단 한 가지를 정하자, 무엇을 해야 할지와 무엇을 하지 말아야 할지가 선명해졌다. 다른 건 몰라도 집필만큼은 끝내지 못한 오조오억 개 중 하나가 되지 않게 하려고 나머지 오조 사억 구천 구백구십구만 구천구백구십구 개를 돌같이 보게 된 것이다. 말하자면 '책을 쓰기 위해 일 벌이지 않는 해'가 되었달까. 단 하나의 To do를 위해 Not to do를 이행하는 것이다.

그래도 타고난 기질을 버리진 못해 종종 일을 벌이곤 하지만, 그럴 때도 기준이 생겼다.

'책 쓰기에 도움이 되는 일인가?'

그렇지 않다면 과감하게 포기한다. 너무너무 재밌어 보여도, 다신 안 올 기회 같아도, 포기한다. 인생은 길고 재밌는 기회는 앞으로도 계속 생길 테니까.

## 효과적인 Not to do 조건

브랜더에게 To do와 Not to do는 '할 일'과 '하지 않을 일'을 정하는 것 이상의 의미를 갖는다. 하지 말아야 할 것을 함으로써 브랜드 이미지에 치명적인 손해가 생길 수도 있기 때문이다.

브랜더가 유의해야 할 Not to do는 크게 두 갈래로 나뉜다.

첫째, 브랜드 가치를 훼손하는 일은 하지 않기.

잘나가던 유명인이 한순간의 잘못된 선택으로 고꾸라지는 경우를 본다. 그중에는 법에 저촉되는 죄도 있지만, 법적으로는 문제 되지 않지만 누군가를 불편하게 하거나 상처 주는 죄도 있다. 주로 말로 짓는 죄다.

브랜더의 가치는 인격과 떼어놓을 수 없다. '좋은 사람'이라는 이미지를 가지고 싶다면, 정말로 좋은 사람이 되어야 한다. 이미지는 작은 실수 한 번에도 쉽게 벗겨질 수 있다.

둘째, 브랜드 이미지를 복잡하게 만드는 일은 알리지 않기.

'하지 않는 것'만큼이나 '알리지 않는 것'도 중요하다. 타인에게 브랜드 고정관념을 심기 위해서는 전략적으로 심플을 추구할 필요가 있다.

"당신은 좋은 사람이군요"라는 말을 듣고 싶으면, "저는 좋은 사람입니다"라는 말만 전달하는 것이 효과적. 재밌는 사람, 진지한 사람, 사교적인 사람 등등 여러 정체성을 한꺼번에 전달하면 상대는 혼란스럽다. 받아들여야 할 이미지가 많아지면 정체성을 파악하기 어렵다.

"그 사람 그거 하나는 잘하지"라고 각인시켜야 한다. 그 '하나'에 도움이 되는 것이라면 알리고, 그렇지 않으면 굳이 알리지 않는 것이 브랜딩 전략이다. 그래야 심플한 브랜드 이미지를 유지할 수 있다.


'하지 않기'와 '알리지 않기' 원칙만 지킨다면 그 외의 Not to do는 세우기 나름이다. 처음 세울 때 그것은 제약이지만, 엄청난 자유를 만들어낼 수 있다. Not to do를 뒤집어 생각해 보자. 하지 않기로 정한 것만 빼고 모든 걸 다 해도 된다는 뜻이다.

**참고 자료**

– 제이오에이치 편집부, 〈매거진 B(Magazine B) No.56:
  Michelin Guide〉(2017.5), 제이오에이치.

– "미쉐린 가이드 소개", 미쉐린 가이드 홈페이지.

– Yerica Park, "미쉐린 가이드의 탄생과 발자취", 미쉐린 가이드
  홈페이지, 2016.10.31.

– Yerica Park, "미쉐린 가이드의 오해와 진실", 미쉐린 가이드
  홈페이지, 2016.10.31.

– Yerica Park, "익명의 미쉐린 평가원과의 일문일답", 미쉐린
  가이드 홈페이지, 2017.6.12.

– Yerica Park, "빕 구르망 소개", 미쉐린 가이드 홈페이지,
  2016.10.31.

– "미쉐린 심사단의 하루", 〈에스콰이어〉, 2017.11.29.

– 윤신원, "'파괴적 혁신' 미쉐린, 100년 후에도 살아남을
  기업으로 꼽히는 이유", 〈아시아경제〉, 2019.7.3.

# 09 점에서 선으로 연결되는 브랜드 스토리

애플

## 일 잘하는 고졸자

'어느 대학 나왔냐'는 질문이 실례되는 시대. 사람들은 이제 "전공이 뭐예요?"를 묻는다. 대학으로 스펙을 재단하지 않고, 어쩌면 순수하게 상대의 관심사를 궁금해하는 질문이다. 전공 얘기로 시작해서 커리어 패스로 이어지는 흐름은 퍽 지적인 대화를 낳는다.

하지만 이 질문에는 '당연히 대졸'이라는 전제가 깔려 있다. 고졸자였던 나는 질문에 맞는 답을 찾느라 오랜 시간을 헤매야 했다.

IT 업계에서 기획자로 커리어를 쌓은 지 2년 반이 흐른 뒤. 지인 소개로 어느 대기업에서 아르바이트를 한 적 있다. 업계 매출 1위 회사의 IT 부서였다.

나에게 주어진 일은 출시 전인 제품을 테스트하고 오류를 잡아내는 QA 업무. 일전에 경험해 본 일이었으므로 시키는 일을 곧잘 해낼 수 있었다.

약속한 한 달의 기간이 끝날 무렵. 부서 관리자가 나를 따로 불렀다.

"우리 회사에 입사 지원해 볼래요?"

그리고 다음과 같은 말이 이어졌다. 일하는 걸 지켜보니 꼼꼼하고 센스 있더라. 우리 회사에 신입 사원 채용 공고가 올라가 있다. 지원하면 가산점을 주겠다.

지원할지 말지 여부를 떠나 인정받았다는 것 자체가 기분 좋았다. 좋게 봐줘서 고맙다고 말하며, 마음에 걸리는 한 가지를 물었다.

"그런데 혹시 고졸도 지원할 수 있나요? 제가 고졸 학력이라서요."

질문과 동시에 상대의 입과 눈이 동그래지는 걸 목격했다. 눈동자가 바삐 움직였다. '당연히 대졸'임을 전제한 제안이었던 것이다. 한 달간 나를 유심히 지켜본 게 무색해지는 순간이었다.

더듬거리며 그가 겨우 내놓은 말은 "전문대, 지방대 차별은 없지만 대졸이어야 지원할 수 있어요"였다. 회사 정책이 그러한 걸 자신도 안타깝게 생각한다고 했다.

그때 나는 "좋은 제안 해주셨는데, 죄송합니다"라며 상황을 마무리했다. 그리고 '죄송'이라는 단어를 입에 올린 걸 두고두고 후회하고 있다. 죄송은 그가, 혹은 그의 회사가 했어야 했다.


## 애플을 탄생시킨 점, 점, 점

삶이 고단하게 느껴질 때 나는 스티브 잡스의 스탠퍼드 연설 영상을 찾아본다. 2005년 스탠퍼드 졸업생들을 대상으로 한 연설이자, 오늘날까지 세계적으로 회자되고 있는 전설의 영상이다.

연설에서 잡스는 'Connecting the dots'를 강조한다. 수많은 점이 모여 선이 되듯이, 과거에 일어난 일들을 돌아보면 각각의 점들을 하나의 선으로 연결할 수 있다는 것이다.

그는 대학에 입학한 지 6개월 만에 자퇴했다. 그가 다니던 리드 칼리지는 학비가 매우 비싸, 부모님이 평생 모은 돈을 쏟아 부어야 했다. 대학 과정이 그만큼의 가치가 있는지 확신할 수 없었다.

자퇴 후에는 흥미 있어 보이는 과목을 골라 도강했다. 서체 수업이 그중 하나였다. 거기서 그는 위대한 서체의 조건을 배웠다. 세리프체와 산세리프체, 글씨들의 조합, 여백의 다양함 등을 알게 됐다. 과학적으로 설명할 수 없는 아름다움에 매료되어 배움에 순수한 열정을 바쳤다. 하지만 그게 인생에 실질적인 도움이 되리라고는 생각하지 않았다.

그로부터 10년 뒤, 아름다운 서체를 가진 최초의 개인용 컴퓨터 매킨토시가 탄생했다. 잡스가 서체 수업에서 배운 것을 열심히 담아낸 결과였다. 자퇴, 서체 수업, 매킨토시는 각각의 점이지만 하나의 선으로 매끄럽게 연결된다.


- 그가 자퇴를 하지 않았다면? 서체 수업을 듣지 않았을 것이다.
- 서체 수업을 듣지 않았다면? 매킨토시는 아름다운 서체를 가지지 못했을 것이다.
- 매킨토시의 서체 시스템이 없었다면? 우리가 쓰는 PC에는 지금처럼 훌륭한 서체가 만들어지지 않았거나, 만들어지기까지 훨씬 더 오랜 시간이 걸렸을지도 모른다.

점을 연결하며 잡스가 얻은 가르침은 '믿음'이다. 미래에 일어날 일을 내다보기는 어렵지만, 오늘의 점이 미래에 어떤 방식으로든 연결될 것이라는 믿음을 갖고 살아가라고 조언한다. 그리고 애플에서 해고된 후 넥스트와 픽사를 거쳐 애플에 복귀한 과정, 췌장암 진단을 받고 죽음 목전에 이르렀던 경험을 이야기한다. "늘 갈망하고 우직하게 나아가라(Stay Hungry, Stay Foolish)"고 말한다.

## 차고에서 만들어진 인류의 역사

애플 컴퓨터가 가정집 차고에서 탄생했다는 건 널리 알려진 사실. 유니콘 스타트업의 고생 스토리는 예나 지금이나 대중의 흥미를 돋운다. 인류의 삶을 송두리째 바꾼 브랜드가 다른 곳도 아닌 차고에서 만들어졌다는 것 또한 꽤나 매력적인 스토리였다.

그러나 작은 나라 대한민국에서 차고는 조금 다른 의미로 해석됐다. 내 집 앞 주차 공간 하나도 안정적으로 가지기 힘든 나라이다 보니, 차고의 존재를 '부유함'으로 인식한 것이다. 한국에서 스티브 잡스 같은 혁신적인 기업가가 나오지 않는 건 '차고가 없어서'라는 우스갯소리도 있었다. 단순히 차고라는 공간에 주목한 것이다.

잡스의 부모는 평범한 노동자였다. 부자가 아니었다. 잡스의 자퇴 사유가 학비인 걸 보면 알 수 있다. 다른 부모와 다른 점이 있다면, 그의 아버지 폴 잡스가 유달리 기계를 잘 다뤘다는 것.

아버지는 중고차를 수리해서 판매하는 방식으로 돈을 벌었지만, 아들은 손에 기름 묻히는 걸 좋아하지 않았다. 하지만 아버지와 함께 차고에서 시간 보내는 걸 즐겼다. 그는 아버지로부터 전자공학의 기초 지식을 배웠다. 주말마다 아버지를 따라 중고 부품상을 돌아다녔다. 자동차 부품을 만지작거리는 아버지 옆에서 자신의 관심사를 만지작거렸다.

애플 공동 창립자 스티브 워즈니악도 아버지로부터 많은 걸 배웠다. 워즈니악의 아버지 프랜시스 워즈니악은 캘리포니아 공과대학교 출신의 명석한 엔지니어였다. 잡스가 아버지를 따라다니며 부품을 싸게 구입하는 방법을 배울 때, 워즈는 전자공학도로 자랐다.

둘의 만남은 운명이었다. 관심사는 같았고 성향은 달랐다. 워즈는 천재적인 두뇌를 가졌지만 수줍음이 많아 사람들 앞에 나서는 걸 꺼렸다. 장인에 가까웠다. 반대로 잡스는 사업 수완이 좋았다. 상인이었다.

잡스 아버지의 차고는 두 사람이 의기투합하기 최적의 장소였다. 일찍이 전자 기기를 접한 잡스와 천재로 자란 워즈가 애플

컴퓨터를 만든 건 결코 우연이 아니었다. 어린 시절부터 그들 삶에 찍힌 수많은 점의 연결이었다.


## 차고 없는 브랜더의 점, 점, 점

차고는커녕 차도 한 대 없는 집에서 자란 나는, 중학생 때부터 포토샵을 만졌다. 잡스와 워즈가 개인용 컴퓨터를 만들어준 덕분이다.

포토샵 기술을 가지고 커리어를 시작한 곳은 직원 2명 있는 회사였다. 동대문에서 사입해 온 도매 의류를 오픈마켓에 판매하는 회사에서 나는 상품 상세 페이지를 디자인했다. 그리고 디자인을 포함한 모든 일을 했다. 모델 채용, 의상 코디, 사진 촬영, 보정, 디자인, 카피라이팅, 상품 등록, CS, 배송 등등.

월급이 매우 소박했기 때문에 쇼핑몰 이미지 보정 아르바이트를 병행했다. 그러다 그 쇼핑몰에서 입사 제의를 받았다. "거기서 얼마 받니? 150 줄게. MD 해볼래?"

MD가 뭔지 물어봤다. 머천다이징을 제대로 이해하진 못했지만 달콤하게 들렸다. 거기서는 더 다양한 일을 했다. 동대문 사입부터 신규 쇼핑몰 기획까지. MD가 뭐든지(M) 다 한다(D)의

줄임말이라는 건 나중에 알았다.

작은 회사에서 으레 일어나는 임금 체불과 주먹구구식 파이팅을 경험하며 쇼핑몰을 두 군데 더 전전했다. 인생에 터닝 포인트가 필요하다는 걸 깨닫고 잠시 일을 멈춘 건 2010년. 스물여섯이 된 해였다.

어딘가에 있을 터닝 포인트를 기다리며 실컷 놀다가 정신 차리고 온갖 회사에 입사 지원서를 냈다. 그러다 기획자라는 직업을 만났다. IT 업계에 정식으로 발을 들인 것이다.

웹에이전시 회사를 두 군데 다니며 클라이언트 요구에 맞춰 웹과 앱을 설계했다. 다니던 회사에서 괴상한 스타트업을 만든 뒤로는 대표의 요구에 맞춰 서비스를 설계했다. 정식 업무는 UX 기획이었으나 웹에이전시에서는 프로젝트를 수주하기 위해 제안서를 만들었고, 스타트업에서는 투자를 받기 위해 만날 IR 자료를 뜯어고쳤다.

밤낮은 물론 평일과 주말의 경계도 없이 일하다 보니 어느덧 7년 차 기획자가 돼 있었다. 좀 더 안정적인 회사에서, 누군가의 요구가 아니라 나의 욕구를 따르며 일하기 위해 심혈을 기울여 이직 준비를 했다. 학력 탓인지 실력 탓인지 알 수 없었으나 번번이 서류에서 탈락했다. 나를 보여줄 면접 기회조차 희박했다.

지금의 회사와 연이 닿은 건 나로서는 극적인 결과였다. 비로소 나의 욕구를 따르며 일할 기회가 주어졌고, 티스토리 기획자로 1년 반을 일했다. 욕구가 채워지자 욕심이 났다. 브런치로 서비스를 옮기면서 브랜드 마케터로 직업을 전환했다. 그때 나이는 서른넷이었다.

## 점을 연결해서 선 만들기

웹 디자이너, 쇼핑몰 MD, UX 기획자, 브랜드 마케터라는 점을 연결하면서 너무나 당연한 이치를 깨달았다. '쓸모없는 경험은 없다'는 것이다. 당시에는 사소하고 하찮아 보이는 일이었지만 살면서 그 경험들이 어떤 방식으로든 쓰였고, 쓰이고 있다는 걸 알았다.

### 1) 오픈마켓과 쇼핑몰 경험

과거 소규모 쇼핑몰들은 단독 쇼핑몰이 있어도 대형 오픈마켓이나 온라인 편집숍에 입점해 판매 유통 경로를 만들었다. 경로가 많으면 많을수록 좋았다. 자연히 나는 11번가, 지마켓, 옥션 등에서 판매자가 접속하는 상품 관리 페이지를 두루 경험했다.

그로 인해 주니어 기획자 시절부터 이커머스 사이트 운영을 담당하는 기회를 얻을 수 있었다. 기획 2년 차에는 뉴발란스 쇼핑몰 리뉴얼 프로젝트를 이끌었다. 그 경험을 발판 삼아 5년 차에는 SSG.COM 구축에 참여했다. 당시 업계에서 가장 큰 규모라고 소문난 프로젝트였다.

### 2) 다양한 규모의 업무 경험

작게는 쇼핑몰 업무 내에서의 A to Z, 크게는 대형 프로젝트에서의 복잡한 이해관계와 요구 사항들이 얽힌 문제를 해결하는 동안 알게 모르게 내공이 쌓였다. 그래서 어떤 일이 닥치든 '하면 되지, 뭐'라는 마인드가 생겼다. 겁먹지 않고 도전하는 배짱은 마케터에게 큰 자산이다. 브랜드 마케터가 하는 일은 브랜딩과 마케팅에 한정되지 않기 때문이다.

에디터, 카피라이터, 포토그래퍼, 인터뷰어, 디자이너, 기획자, 협상가, MC 등등 필요에 따라 나는 무엇이든 된다. 과거 모든 경험이 지금의 나를 이루고 있는 것이다.

### 3) 회사 밖에서의 경험

기획자일 때 나의 전문 분야는 커머스였다. 일은 재밌었지만, 나의 강점 분야는 아니라는 생각이 컸다. 수학 포기자였던 사람이

금전 거래가 오가는 플랫폼을 만든다는 것 자체가 부담이었다.

나의 관심 분야는 콘텐츠 쪽이었다. 콘텐츠 비즈니스와 창작자 중심의 커뮤니티에 미래 먹거리가 있다는 걸 어렴풋이 느꼈던 것 같다. 하지만 관련 경력이 전무했다.

그래서 티스토리로 이직할 때 나는 '다양한 블로그를 경험했다'는 걸 최대한 어필했다. 싫증을 금방 느끼는 성격 탓에 국내외 블로그를 하나씩 다 거치며 이것저것 써본 것이 강점으로 쓰이게 될 줄, 그때는 알 수 없었다.


회사 밖에서 개인적인 성장을 도모하는 별도의 프로젝트를 진행하는 걸 두고 사이드 허슬(Side Hustle)이라고 표현한다. 아무리 주도적으로 일한다고 해도 조직 내에서는 나의 욕구에 따라 점을 연결하는 데 한계가 따른다. 사이드 허슬이 부각되는 이유가 여기에 있다.

그런데 '프로젝트'라고 하면 대단히 진취적이고 역동적인 이미지가 떠오르며 다소 부담스러운 게 사실이다. 내가 했던 '다양한 블로그 경험'은 비교적 사소하기 때문에 의미 있었다. 회사 밖의 경험을 내 안으로 가져올 수 있다면 가능성을 발현할 수 있다는 걸 확인하는 계기가 되었기 때문이다.

다만 그 경험을 가치 있게 만드는 건 나라는 걸 잊어서는 안

된다. 내가 나를 귀하게 여겨주지 않으면, 누구도 알아주지 않는다.

## 고졸 출신의 브랜드 스토리

이름이 알려진 브랜더에게는 '○○ 출신'이라는 말이 흔히 붙는다. 기업 브랜드 창립자도 마찬가지다. 이는 "전공이 뭐예요?"를 물어보는 심리와도 같다.

내로라하는 학벌이든, 선망받는 직업이든, 출신을 알면 이야깃거리가 만들어지기 때문이다. 애플이 '차고 출신'으로 유명해진 것도 같은 이치.

브랜더로서 점을 연결하며 만들어낸 선이 바로 그러한 이야깃거리가 된다. 자기만의 브랜드 스토리가 되는 것이다.

나 하나 믿고 헤쳐가기에 세상이 결코 녹록지 않음을 깨닫고 사이버대학교 마케팅과에 진학했다. 언젠간 내가 간절히 원하는 목표가 생겼을 때, 대학 졸업장이 없어서 포기하는 일이 없길 바랐다. 그러나 아직까지 대학 졸업장이 필요한 일은 벌어지지 않았다. 아마 앞으로도 내가 추구하는 삶에서 대졸 타이틀이 필요한 일은 없을 것 같다.

  하지만 값진 4년이었다. 몸으로 익힌 실무를 이론으로 재정비하는 시간이었다. 이론으로나마 마케팅을 배운 덕에 직업 전환을 하자마자 바로 마케팅 업무를 흉내 낼 수 있었다.

일하면서 사이버대학교에 꼬박 4년. 이제 나도 대졸자가 되었다. 그동안 정확히 배운 건, 아무리 좋은 제도와 소속도 '나다움'을 이길 순 없다는 것이었다. 하여 타임머신 타고 스무살로 돌아가도 나의 결정은 바뀌지 않으리라는 것이다.
큰 거 배우느라 애썼다. 축하한다.


  대학을 졸업하던 날 이런 일기를 썼다. 고졸 출신의 브랜드 스토리 한 줄기가 만들어진 날이었다.

**참고 자료**

–       월터 아이작슨 저 / 안진환 역, 《스티브 잡스》, 2011, 민음사.

–       Jun, "스티브잡스(Steve Jobs) 스탠포드 연설",
        유튜브, 2012.4.26. https://www.youtube.com/
        watch?v=7aA17H−3Vig

# 10 브랜드를 규정짓는 직업 말

츠타야

## 서점에서 인재 찾기

공적으로든 사적으로든 살면서 한 번쯤은 '사람 추천해 달라'는 부탁을 받게 된다. 친구의 고민을 들어주다가도 "이 사람의 콘텐츠가 너에게 도움될 것 같아" 하며 자발적으로 추천을 하기도 한다. 이러한 경우 고정관념은 어떻게 작동할까?

적당한 답을 주면 되는 상황이라 하더라도 '적당함'이 로또 당첨 번호 뽑듯 무작위일 리는 없다. 최소한 요청의 말 속에 담긴 조건을 인지한 뒤 두뇌에 각인된 인재 풀을 서치하기 마련.

조건은 크게 두 가지로 분류된다.

- 필드(field)
- 스페셜리티(speciality)

필드는 배경이 되는 분야, 스페셜리티는 강점이나 특징이라 할 수 있다. 가령, "회사에 디자인 T.O가 생겼어요. 5년 차 미만 주니어 디자이너 중에 BX에 관심 있는 분 아시면 추천 부탁드려요"라는 요청을 받았다면 다음 조건을 인지할 것이다.

- 필드: 디자인
- 스페셜리티: 디자이너, 5년 차 미만, 주니어, BX 관심

나의 경우 가능한 한 알맞은 인물을 추천해 주기 위해 어느 정도 데이터 서치를 하기도 한다. 연락처나 SNS, 브런치 등을 탐색하며 후보군을 추리는 식이다. 이 과정은 흡사 서점에서 책을 발견하는 일 같다.

서점에는 방대한 양의 서적이 아카이빙 되어 있다. 그 어느 곳보다도 '분류'가 중요한 곳. 대형 서점은 크게 소설, 에세이, 경제경영, 자기계발 등의 장르로 구획을 나눈다. 구획마다 또 세분화해 책 제목이나 출간 연도 같은 기준을 두어 책을 진열한다. 소설은 소설 코너에, 여행 가이드북은 여행 코너에 가지런히 정

리돼 있다.

서점은 유동 인구가 많은 구역에 신간과 베스트셀러를 둔다. 그래서 우리는 서점 입구를 열고 들어섰을 때 가장 먼저 신간 매대를 보게 된다. 그다음에는 가장 눈에 잘 띄는 위치에 눈에 잘 띄는 조명이 비추는 책 표지에 눈길이 간다. 베스트셀러 코너다.

마음에 둔 책이 있어 바로 검색대를 이용하거나 해당 코너로 직진하지 않는 이상, 서점 MD들의 전략에 흔들리기 십상.

필드와 스페셜리티의 조합은 '필요한 때'에 탐색되는 대상군을 결정 짓는다. 여기에 '얼마나 쉽게 떠오르는가' 하는 회상 용이성까지 함께 작동한다면 베스트. 나의 일을 말하는 방식에도 브랜딩이 필요한 이유다.


## 카테고리를 제안하는 서점

큐레이션으로 유명한 일본의 서점 체인 츠타야(TSUTAYA)는 전혀 다른 전략을 취한다.

만약 쿠바 여행을 계획하는 중에 츠타야에 갔다면, 아마 가이드북만 골라서 나오긴 어려울 것이다. 쿠바 여행 가이드북 옆에 이러한 것들이 놓여 있을지도 모르기 때문이다.

- 헤밍웨이의 《노인과 바다》: 헤밍웨이가 쿠바에 머무르며 쓴 작품으로, 쿠바의 작은 바닷가 마을을 배경으로 한다.
- 체 게바라 평전: 피델 카스트로와 함께 쿠바 혁명을 이끈 인물로, 아르헨티나 출신임에도 불구하고 국민적인 사랑을 받는 쿠바의 영웅이다.
- 올드카 사진집: 쿠바에는 형형색색의 올드카가 일상적으로 굴러다닌다.
- 칵테일 레시피북: 쿠바는 사탕수수 산지로, 모히토, 다이키리, 쿠바리브레, 피나콜라다 등 럼 베이스 칵테일이 유명하다.

부에나 비스타 소셜 클럽(쿠바의 전설적인 밴드)의 음반과 그들의 이야기를 다룬 다큐멘터리 영화 DVD, 그리고 코히바 시가 (쿠바에서 유명한 시가 브랜드)를 함께 판매할지도 모르겠다.

상상의 나래를 펼쳐본 거지만, 실제와 크게 다르지 않으리라 생각한다. "쿠바 여행을 계획하고 있다면 쿠바의 문화를 먼저 체험해 보면 어떨까요?"라고 말 걸듯이 제안하는 것. 이런 게 츠타야식 카테고라이징이다.

2018년 방문한 다이칸야마 T—SITE 내 츠타야 서점.
©김키미

## 업계 상식으로부터 벗어나기

콘텐츠 업계에 문외한이었던 나는 브런치팀에 합류한 첫해에 온갖 지식과 정보를 흡수하는 데 열을 올렸다. 브런치 히스토리는 물론, 출판 시장과 콘텐츠 시장, 동네 책방과 대형 서점, 주목받는 작가와 편집자와 출판사 등등. 이쪽 업계에 관한 소식이라면 닥치는 대로 빨아들였다.

그때 츠타야를 알게 됐다. 소식에 밝은 이들의 입에서 입으로 츠타야가 전해졌고, 츠타야를 벤치마킹한 사례가 국내에 하나둘 소개되었다.

그중 사람들에게 가장 회자된 곳은 도쿄 다이칸야마에 있는 T-SITE. 대체 츠타야가 뭐길래 다들 "츠타야, 츠타야" 하는지 직접 가서 보기로 했다. 첫 일본 여행이었다.


T-SITE의 메인 건물은 3개 동으로 이루어져 있다. 동마다 인문과 문학, 디자인과 건축, 요리와 여행 테마가 있고 그 안에서 또 잡지, 자동차, 아트, 디자인, 키즈, 영화 등의 섹션을 나눈다.

섹션마다 위 예시와 같은 제안이 있다. 30여 명의 컨시어지가 그 역할을 한다. 츠타야의 제안력은 바로 그들의 경험과 식견에서 비롯된다. 여행 컨시어지는 전직 여행 기자가, 재즈 컨시어지

목욕탕을 기반으로 한 프로젝트 그룹의 전시 'Get湯!'과
관련 도서를 큐레이션한 코너.
©김키미

는 십여 년간 재즈바를 운영하던 사람이 담당하는 식이다. 서점 직원이면 책에 대한 전문성이 제일 중요할 거라는 업계 상식을 깨뜨린 것.

이와 같은 사고방식은 창립자인 마스다 무네아키가 처음 사업을 시작한 1983년에도 유효했다. 그가 지금처럼 책과 음악과 영화를 한데 모은 건 츠타야의 전신인 츠타야 서점 히라카타점 때부터다. 그에게 책과 음악과 영화는 각기 다른 장르가 아니었다. 하나의 문화 콘텐츠였다. 새로운 라이프스타일을 제공하는 거점을 만들고 싶었다.

그러나 사람들은 그의 관점을 이해하지 못했다. 특히 책과 음악과 영화 업계 사람들은 그를 상대하려 들지 않았다. 하지만 츠타야의 관점은 고객들에게 '먹혔다'.

현재 일본 전역에는 1,400여 개의 츠타야 매장이 있다. 일본 내 스타벅스 매장보다 많다. 일본인에게 츠타야는 패밀리마트 편의점만큼 익숙한 국민 브랜드가 되었다. 2003년에는 'T 포인트'라는 멤버십 포인트 서비스를 개시해 6,788만 회원(2018년 5월 기준)을 확보했다. 일본 인구의 절반에 달하는 숫자다.

다이칸야마 T-SITE는 2011년 오픈했다. 4,000평의 광활한 부지 위에 서점을 주축으로 레스토랑, 상점 등이 어우러진 라이프스타일 타운을 만든 것.

그때도 모두가 마스다를 말렸다. 전 세계적으로 불황인 출판 산업의 추세가 일본이라고 다를 리 없었기 때문이다. 하지만 결과는 마스다의 승. 그전까지 츠타야는 도쿄 도심 어디에서나 쉽게 찾아볼 수 있는 파란 바탕에 노란 글씨의 간판으로 고객을 찾아갔다. 그러나 다이칸야마 츠타야 서점을 기점으로 츠타야는 '고객이 찾아가는' 브랜드가 되었다.

다이칸야마 T-SITE의 성공에 힘입어 츠타야 모회사인 CCC(Culture Convenience Club)는 다른 지역으로 매장을 늘리고, 가전을 팔고, 백화점을 만들고, 공공 도서관을 운영하는 등 창업 시절 목표했던 '세계 제일의 기획 회사'를 향해 가고 있다.

## 상식 밖에서 직업 말 찾기

특장점만 열거한 제품을 브랜드라고 부를 수 있을까? 브랜드로 여겨지는 제품에는 만든 이의 철학이 담겨 있다. 어쩌다가 이 제품을 만들게 되었는지, 이 제품을 통해 어떤 가치를 만들어내고자 하는지 같은 스토리를 전한다. 가성비 전쟁에서 한발 빗겨난다.

제품 스펙을 담은 상세 페이지가 '이력서'라면, 철학과 스토리는 '자기소개서'에 가깝다. 브랜더는 이력서를 내밀어야 할 때와 자기소개서를 내밀어야 할 때를 구분할 필요가 있다.

브랜드에 관심 가져줬으면 하는 이들이 나의 자소서를 읽게 하려면, 궁금증을 유발하는 제목은 필수. '브랜드 마케터 김키미입니다' 정도의 제목은 어쩐지 밋밋하다.

**업계 외부, 소위 아웃사이더의 관점으로 보는 자세 또한 잊어서는 안 돼요. 한정된 업계 내에만 빠져 있다 보면, 그 업계에서 통용되는 상식에 갇혀 벗어날 생각을 하지 못한다는 얘기죠.**

_마스다 무네아키

서점의 상식을 깬 츠타야는 '아웃사이더의 관점'을 강조한다. '브랜드 마케터'라는 직업은 업계에서 통용되는 상식 수준 그 이상도 이하도 아니다. 훌륭한 브랜더는 업계 상식에서 벗어나 자신만의 '직업 말'을 만든다.

**문구인.**
**용돈의 8할을 문방구에서 탕진하는 어린이였는데 이제는 월급의 반 이상을 문구 구입에 탕진하는 어른이다. 작은 문구들을 책상 위에 늘어놓고 하나**

씩 써보거나 바라보는 것이 삶의 가장 즐거운 오락거리다. 문구 매니아라고 하기에는 겸연쩍고, 그냥 좋아한다고 하기에는 조금 부족하다고 느끼던 중, 우연히 한 문구 회사의 소개말에서 '문구인'이라는 단어를 만난 후 비로소 정체성을 확립했다.

_김규림, 《아무튼, 문구》 저자 소개


읽고 쓰고 듣고 말하는 사람.
오랜 기간 카피라이터로 활동했고 《힘 빼기의 기술》, 《여자 둘이 살고 있습니다》(공저), 《내가 정말 좋아하는 농담》 등의 책을 썼다. 2017년부터 예스24 팟캐스트 〈책읽아웃: 김하나의 측면돌파〉를 진행 중이다. 언제부터인가 강연, 공개방송, GV, 대담 진행 등 말하는 일이 쓰는 일보다 점점 많아지고 있다.

_김하나, 《말하기를 말하기》 저자 소개


　　김규림은 '문구인'이라는 한 단어로 브랜드 정체성을 확실히 전한다. 김하나는 '읽고 쓰고 듣고 말하는 사람'이라고 긴 세월 쌓은 브랜드 스토리를 간략하게 전달한다. 가타부타 다른 설명이 없어도 다음 장을 읽고 싶어지는 자소서 제목이다.

　　또 하나의 사례는 방콕의 한 빈티지숍에서 발견했다.

현지 지인이 알려주길, 그곳의 오너인 데이비드는 뉴욕에서 나고 자란 태국인이라고 했다. 지금도 뉴욕에서 셰프로 일하고 있는 그는 미국 전역에서 빈티지 제품을 수집해 태국으로 보낸다. 데이비드의 파트너인 빅터는 마케팅 담당으로, 물건의 쓰임이나 역사에 대한 이야기를 수집하고 전달하는 역할을 한다.

그들은 자신의 직업을 각각 C.I.H(Chief Industrial Hunter)와 C.I.S(Chief Industrial Storyteller)라고 정의했다. CEO라는 직책이나 마케터라는 직업이 아니라 'Hunter'와 'Storyteller'라고 스스로의 업을 규정한 것이다. 'Chief'를 넣어 직책의 의미를 살리고 'Industrial'을 넣어 비즈니스 콘셉트도 드러냈다.

직업 말이 반드시 하나일 필요는 없다. 직장을 벗어나 스스로 '두낫띵클럽'이라는 소속을 만든 이승희는 때에 따라 자신을 다르게 소개한다.

**일로 표현할 땐 '마케터'로, 행동으로 말하고 싶을 땐 '기록하는 사람'으로, 자유롭게 표현하고 싶을 땐 '인스타그래머, 블로거, 유튜버'로 소개한다. 지금은 아무것도 하고 싶지 않은 백수 듀오 두낫띵클럽의 클럽장이다.**

_이승희, 《기록의 쓸모》 저자 소개

그리고 다음과 같이 조언한다.

1) 나를 세상의 기준대로 규정하지 않을 것
2) 나를 여러 개의 자아로 규정할 것
3) 그리고 내가 규정한 대로 변화할 것

스스로 정한 직업 말은 세상의 기준대로 규정하지 않은 고유한 정체성이다. 내가 가진 여러 개의 자아 중 하나다. 나를 변화시키는 방향 설정이다.


## 전문성 대신 정체성

커리어를 고민하는 직장인들의 화두 중 하나는 전문성이다. 수년, 혹은 수십 년을 일하고도 "전문성이 부족한 것 같다"고 말하는 이가 많다. 그들이 일을 못 해서일까? 아니면 강점이 없는 걸까?

많은 직장인이 주 5일을 일한다. 때로는 6일, 7일도 일한다. 혹은 했었다. 1만 시간의 법칙에 의하면 주 40시간 일하는 직장인은 5년 안에 전문가가 된다는 계산이 나온다. 하지만 의문스럽다. 5년 차 직장인에게 '전문가'라는 호칭이 사회적으로 얼마나 통용될까?

사전에서는 전문가를 이렇게 정의한다.

**어떤 분야를 연구하거나 그 일에 종사하며 그 분야에 상당한 지식과 경험을 가진 사람**

전문가가 되려면 일단 어떤 분야에 '종사'하며 '상당한 지식과 경험'을 쌓아야 한다는 말이다. 평범한 직장인에게 현실은 녹록지 않다. 최소한 두 가지 전제를 만족해야 하는데, 이게 뜻대로 되질 않는다.

첫째, '계속 종사'가 보장되는 분야에서 일할 수 있는가? 어느 날 갑자기 회사의 비전이 바뀌었다며 부서가 없어지거나, 제도나 정책의 변화 탓에 산업이 위태로워지거나, 사양 산업에 종사하면 곤란한 거다.

둘째, '깊이 종사'를 방해하는 요인이 차단된 시스템하에 일할 수 있는가? 일손이 부족해서, 믿고 맡길 만한 인물이 자네뿐이라, 기타 등등의 일 처리 때문에 본업을 갈고닦을 여력이 없어지면 안 되는 거다.

이제 브랜더들은 더 이상 타이틀을 좇는 직장인으로 살지 않는다. 스스로를 고용한 직업인으로 변화한다. 회사에서 월급을 받아도 '나는 나를 고용했다'는 마인드로 자신의 직업을 정의하고 정체성으로 연결시킨다.

소속, 직업, 직급, 직책을 들어 "어느 회사에서 무슨 일을 하는 사람입니다"라는 소개말이 언제까지 유효할지 장담하기 어려워진 세상. 오늘날 필요한 것은 전문성보다는 정체성이다.

**참고 자료**

– 제이오에이치 편집부, 〈매거진 B(Magazine B) No.37: Tsutaya〉(2015.6), 제이오에이치.

– 가와시마 요코. 마스다 무네아키 저 / 이미경 역, 《츠타야, 그 수수께끼》, 2018, 베가북스.

– 김주영, "빈티지 콜렉터의 이야기", 〈어라운드〉, 2016.1.1.

– 김하나, 《말하기를 말하기》, 2020, 콜라주.

– 김규림, 《아무튼, 문구》, 2019, 위고.

– 이승희, 《기록의 쓸모》, 2020, 북스톤.

– 이승희, "[밀레니얼 톡] 내 직책은 남이 아니라 내가 정한다", 〈조선일보〉, 2020.6.29.

## 3부

관계
속에서
브랜드
인지도
높이기

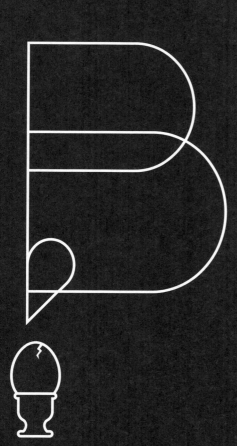

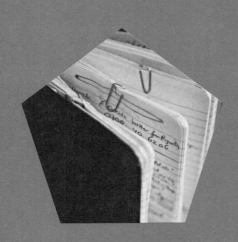

뽀개기
KLIST

는 자신감 가지기
공약 뽀개기

# 11 효과적인 브랜드 네이밍의 조건

왓챠

## 두 개의 이름

'길똥이'라는 브런치 작가가 있다 치자.

브런치팀의 이름으로 그의 저서를 소개해야 할 때, 나는 책의 저자명부터 확인한다. 저자명이 '홍길동'이면 저자명과 브런치 작가명을 병기한다. '홍길동(길똥이)' 또는 '길똥이(홍길동)'라고 적는 것. 이를 테면 이런 식이다.

**홍길동(길똥이) 작가의 책 《○○을 □□해요》가 출간되었다.**

그리고 '길똥이'에 작가의 브런치 주소를 링크한다. 때때로 책 제목에 온라인 서점 판매 링크를 건다. 브런치 작가 정보와 책 정보를 동시에 전달하기 위해.

한번은 이런 일이 있었다.

'길똥이'처럼 닉네임을 쓰는 브런치 작가가 강연을 했다. 스태프 역할로 맨 뒤에 서서 강연을 듣는데, 참석자들 폰에 익숙한 화면이 비쳤다. 브런치 홈 화면이었다. (훔쳐보는 취미가 있는 건 아니다.)

왜였을까? 연사의 브런치를 찾아가 '구독하기'를 누르기 위해서다. 그 자리에서 팬이 되었다는 증거. 그런데 참석자들은 길똥이 작가의 브런치를 찾지 못하고 헤매었다. 강연에서 그의 이름이 '홍길동'으로 소개되었기 때문. 《○○을 □□해요》의 저자 홍길동 작가님을 모시고 강연을 시작하겠습니다!"라고 했으니 참석자들은 당연히 홍길동을 검색했다.

길똥이 작가의 브런치는 쉽게 나타나지 않았다.

## 본캐 확립의 필요성

출간 계약을 한 뒤 나는 브런치 작가명을 '킴프로'에서 '김키미'로 바꿨다.

계획대로 착실하게 글을 쓴다면 내 이름을 건 첫 책이 세상에 나올 터. 그때 저자명에 김키미라는 이름을 올리기로 마음먹고 브런치 작가명과 SNS상의 닉네임을 모두 김키미로 통일했다. 그리고 종종 강연과 인터뷰처럼 공식적으로 나를 알릴 기회가 있을 때마다 김키미라는 이름을 썼다. 나의 포트폴리오를 하나의 명함으로 관리하기 위해서다. 이는 브랜더로서 '본캐'를 확립하는 과정이라 할 수 있다.

명함에 어떤 이름을 올릴지 결정하는 건 닉네임을 정하는 것과는 다른 차원의 고민이었다. 본캐 네이밍을 위해 내가 세운 조건은 이러했다.

- 온라인 서점에 등록된 동명인이 없는(또는 적은) 이름일 것
- 부르기 쉽고 쓰기에도 쉬운 이름일 것
- 본래의 나를 잃지 않는 이름일 것
- 향후 10년 이상 변하지 않고 계속 유지할 수 있는 이름일 것
- 오프라인에서 불릴 이름(검색어)와 온라인에서 쓰는 이름(검색결과)을 일치시킬 수 있을 것


본명이 독특하다면 애초에 이런 고민을 하지 않았을지도 모르겠다. 하지만 본명은 동명인이 많아 애초에 탈락. 킴프로라는 닉네임은 오래 썼지만 이미 변심이 진행되고 있어 과감히 놓아

주기로 했다.

키미(kimmy)는 회사에서 쓰는 영어 이름이자 지인들에게도 익숙한 이름. 거기에 누구나 쉽게 부르고 쓸 수 있도록 성을 붙이기로 했다.

김키미.

아는 분 이름과 같아서 1차 망설임, 수십만 팔로워를 보유한 인플루언서 이름과 같아서 2차 망설임이 있었다. 일러스트레이터 '키미앤일이'도 있다. 그래도 김키미라는 이름으로 출간한 작가는 아직 발견하지 못했다.

'작가 김키미' 중에는 내가 1번이길 바라며, 명함에 올릴 이름을 결정했다.


네이밍 과정에서 여러 조건을 나열했지만 마지막 결정을 내릴 때는 결국 이 조건이 가장 중요하다는 걸 깨달았다.

– 많은 사람이 부르는 이름으로 통일할 것



## 왓챠의 탄생

OTT 서비스 '왓챠(watcha)'도 알게 모르게 네이밍의 변천사를 거쳤다.

지금 우리에게 익숙한 왓챠는 글로벌 공룡 기업 넷플릭스의 대항마. 국내 OTT 서비스의 대표 주자로 여겨진다. 그런 왓챠가 OTT 서비스를 시작한 건 2016년 1월. 창립 시점으로부터 4년 하고도 5개월 후였다.

왓챠는 2012년 영화 추천 서비스로 태어났다. 왓챠 앱을 깔고 첫 진입을 하면 온갖 영화가 리스트업된다. 내가 본 영화의 별점을 매기는 과정이다. 왓챠는 내가 좋아할 만한 영화를 찰떡같이 추천해 주기 위해 나의 취향을 파악하는 중이라고 말해준다.

"어떤 영화를 좋아하실지 조금씩 감이 와요."

"이제 알 듯 말 듯 하네요 조금만 더 알려주세요!"

"조금만 더 평가하시면 이제 추천을 받아볼 수 있습니다."

영화를 많이 평가할수록 더 정확하게 추천해 줄 수 있다며 계속해서 별점 매기기를 독려한다. 42개를 평가하면 '기왕 이렇게 된 거 50개 찍으세요'라고, 71개를 평가하면 '이제 웬만한 친구보다 제가 당신을 더 잘 알 걸요?'라는 재치 있는 멘트로 취향 탐색으로 가는 길을 매끄럽게 안내한다. 스타트업 춘추전국시대의 선발대다운 영민함이었다.

그 시절 나는 잠 안 오는 밤마다 왓챠를 열어 별점을 매겼다. 평생 본 영화를 거의 다 평가한 뒤부터는 왓챠를 찾는 일이 줄었

왓챠 별점 평가 화면. 왼쪽부터 2013년, 2015년, 2021년. ©왓챠

다. 그래도 '영화는 왓챠'였다. 새로운 영화를 볼지 말지 결정하기 전에 왓챠 예상 별점을 확인했다. '영화나 한 편 볼까' 할 때는 무조건 왓챠 추천 리스트부터 열었다. 영화를 다 보고 나서는 버릇처럼 왓챠에 들어가 별점을 매겼다.

그러다 문득 궁금해졌다.

'왓챠는 뭐로 돈을 벌까?'

창립 이후 4년이 넘도록 이렇다 할 수익이 없어 보이자 점차 걱정이 됐다.

'안정적인 수익 모델을 찾았으면……'

## 왓챠플레이의 탄생

2016년 1월 왓챠플레이의 출시는 나처럼 소리 없이 왓챠를 응원해 온 유저에게 무척 반가운 소식이 아닐 수 없었다. 물론 처음에는 볼 수 있는 콘텐츠가 많지 않았다. '디지털 콘텐츠를 돈 주고 본다'는 개념이 지금처럼 확립되기 전이었다. 하지만 넷플릭스 사례를 보면 국내 OTT 시장의 미래도 밝았다.

더구나 500만 명의 회원과 5억 개 이상의 별점 평가 데이터를 가진 왓챠가 추천 기술력을 기반으로 OTT 시장에 진입한다는 건 놀랍도록 찰떡같은 매칭이었다. 왓챠가 추천해 준 '당신이 좋아할 만한 영화'를 어디서 볼지 찾아 헤매지 않고도 왓챠플레이에서 바로 볼 수 있게 된 것이다.

왓챠에서는 구독자의 약 72퍼센트가 추천 영역을 통해 플레이할 영화를 선택한다. 모든 유저에게 동일하게 노출되는 신간 홍보 영역이나 인기 작품 소개 영역보다 추천 영역에서 훨씬 활발한 반응이 일어난다. 왓챠의 추천을 믿고 취향을 소비하는 것이다.

과거에는 박스 오피스 1위 영화를 보지 않으면 소외감이 들곤 했다. 이제 대세는 Best of Best가 아닌 Best is My favorite. 왓챠는 그들이 세운 미션처럼 '모두의 다름이 인정받고 개인의 취향이 존중받는' 세상을 만들고 있다.


## 메인 브랜드와 서브 브랜드의 전복

왓챠플레이가 정상 궤도에 오르자 뜻밖의 전개가 펼쳐졌다. '요즘 사람들은 왓챠를 모른다'는 것이었다. 정확히 말하면, 신규 유저들은 왓챠플레이에서 영화를 보지만 영화 추천 서비스인 왓챠의 존재는 모른다는 것.

　왓챠와 왓챠플레이는 개별 서비스로, 앱이 별도로 존재했다. 다만 두 앱이 하나의 계정으로 연동되었으므로 왓챠에서 쌓은 추천 데이터가 왓챠플레이의 추천으로 연결되었다. 물론 왓챠플레이에서도 별점을 매길 수 있다. 말하자면 데이터를 쌓는 집이 따로 있는 셈. 데이터 하우스에는 유저 계정마다 각각의 방이 있고, 그 계정에 연결된 왓챠와 왓챠플레이에서 매긴 별점이 같이 쌓인다. 따라서 나처럼 왓챠에서 왓챠플레이로 넘어간 기존 유저도, 왓챠플레이만 쓰는 신규 유저도 추천 서비스를 받을 수 있다.

　자연스럽게 기존 유저의 사용 패턴도 바뀌었다. 왓챠플레이에서 본 영화는 왓챠플레이에서 평가한다. 영화관이나 넷플릭스 등에서 본 영화는 왓챠에서 평가한다. (왓챠플레이에 없는 영화는 왓챠플레이에서 평가할 수 없으므로.) 이제 왓챠에 별점 매기는 행위는 추천을 받기 위함이라기보다는 영화 일기에 가까워졌다. 아카이브 목적으로 기록을 하는 것이다.

　신규 유저들은 왓챠플레이를 '왓챠'라고 불렀다. 넷플릭스를 '넷플'이라고 부르는 것처럼 줄여서 '왓플'이라고 부를 만도 한데 그러지 않았다. 진짜 왓챠가 따로 있는 줄 모른 채 그저 입에 붙는 말을 택한 것이다.

　왓챠와 왓챠플레이를 정확히 구분하는 기존 유저에게도 왓챠플레이는 '왓챠'였다. 같은 회사에서 하는 연결된 서비스를 굳이 분리해서 부를 필요가 없었다.

　서브 브랜드가 메인 브랜드의 인지도를 뛰어넘은 상황에서 한때 메인이었던 진짜 왓챠는 정체성이 희미해졌다. 2020년 7월, 왓챠는 결국 결단을 내렸다.

기존의 영화 추천 서비스 '왓챠'는, 콘텐츠에 대한 더 넓고 깊은 정보를 제공하여 글로벌 콘텐츠 허브로 거듭나고자 하는 의지를 담아 '왓챠피디아'로 새로 태어납니다.
그리고 스트리밍 서비스 '왓챠플레이'는 해외 진출을 앞두고 브랜드 정체성

©왓챠

강화와 효율적인 커뮤니케이션을 위해 많은 분들이 불러주시는 그 이름 그

대로, '왓챠'로 다시 태어납니다.

_왓챠 브랜드 스토리 중

## 부캐 성공의 비밀

연예계를 중심으로 부캐 활동이 활발해지기 전부터 SNS 세계에

는 '부계'가 존재했다. 본 계정은 그대로 두고 각각 목적과 용도

에 맞게 운영하는 부 계정이다. 모 브랜드를 두고 브랜드 확장을 하는 경우와 유사하다.

브랜드 확장의 성패는 크게 두 가지 조건에 달려 있다.

첫째, 모 브랜드에 호의적인 연상을 가지고 있는가.

둘째, 그 호의적인 연상을 긍정적으로 확장할 수 있는 모델인가.

서브 브랜드를 만들거나 신규 제품을 출시할 때 모 브랜드에 있던 호감을 효과적으로 전이시켜야 한다는 것이다.

왓챠의 경우 모 브랜드에 있는 호의적인 연상이 왓챠플레이로 자연스럽게 확장되었다. 추천 알고리즘으로 작동하는 서비스 콘셉트, 영화와 드라마 등의 미디어 콘텐츠를 그대로 연결한 카테고리, 4년 넘게 유지해 온 고객과의 끈끈한 본딩, 거기에 OTT 서비스의 시장 규모 확장이 더해지면서 왓챠플레이는 '많은 분들이 불러주시는 그 이름 그대로' 왓챠가 될 수 있었다.


본캐를 감추기 위한 목적으로 부캐를 만든 게 아니라면, 부캐의 성패도 브랜드 확장 조건과 다르지 않다. '유재석'이 없었다면 '유산슬, 유르페우스, 유라섹, 유두래곤, 지미유'가 존재할 수 있었을까? 유재석이라는 튼튼한 본캐를 대중이 익히 잘 알고 있기 때문에 부캐의 재미가 배가될 수 있었던 것이다.

브랜더의 네이밍은 그런 의미에서 본캐의 기본 골격을 형성하는 과정이라 할 수 있다.


## 대문을 열어두는 네이밍

많은 브랜더가 온라인에 메인 채널을 두고 있다. 브런치에 글을 올리고, 유튜브에 영상을 올린다. 인스타그램, 페이스북, 트위터, 틱톡 등등 SNS 채널이 브랜더의 주요 소통 창구로 활용된다. 때문에 프로필을 설정하면서 쓰는 닉네임이 캐릭터의 정체성을 좌우하는 경우가 많다.

그중 특정 채널을 본캐로 설정하고 싶다면, 왓챠의 사례를 다시 한번 살펴보자.

**많은 분들이 불러주시는 그 이름 그대로, '왓챠'로 다시 태어납니다.**


온라인상에서는 채널마다 다른 이름을 써도 그것이 모두 하나의 '나'라는 걸 알리는 데 어려움이 없다. 프로필에 링크만 하면 되니까. 브런치에서는 '길똥이'인 사람이 페이스북에서는 'Hong gil dong', 유튜브에서는 '길똥무 TV', 인스타그램에서는

'Daily 길똥'이어도 노 프라블럼이다.

나의 온라인 채널 A의 유입자를 B, C, D로 연결하고 싶으면 인터페이스에서 답을 찾는다. '어떻게 하면 URL을 더 누를까'를 고민해서 프로필 화면을 디자인하듯이 설정한다.

문제는 Off-line to On-line. 책이라는 오프라인의 물체, 강연이라는 오프라인의 시공간에 온라인 채널을 링크하려면 어떻게 해야 할까? 많은 사람이 불러주는 이름의 효과는 이때 발휘된다.

오프라인상에서 나를 알게 된 사람 중에 나와 관계를 맺고 싶은 사람은 검색을 한다. 이때 불러주는 이름과 온라인 채널상의 이름이 다를 경우, 관계는 이어지기 쉽지 않다. 작게 보면 SNS 채널 닉네임 하나지만, 브랜더에게는 장기적인 관점의 브랜드 네이밍이 필요하다. '어떤 검색어를 입력하게 할까'를 고민해야 하는 것. 필요하다면 검색어로서 유리한 새 이름을 정립해도 좋다.

사실 검색 결과라는 건 담보하기가 어렵다. 사이트에 따라, 알고리즘에 따라, 검색어에 따라, 검색량에 따라, 프로필 소개 문구에 따라, 여러 변수에 따라 천차만별이다. 검색 스킬이 좋은 사람이라면 쉬이 원하는 결과를 찾아낼 수도 있다. 인물 검색 섹션에 뜨는 유명인이라면 포털에 친절하게 SNS 채널이 링크돼 있기도 하다.

하지만 하나는 분명하다. 정확도를 추구하는 검색 알고리즘 입장에서 '홍길동'과 '길똥이'는 전혀 다른 인물이라는 것. '홍길동'과 'Hong gil dong'도 다른 인물일 가능성이 높다는 것. 따라서 '홍길동 = 길똥이 = Hong gil dong'을 찾는 독자가 의도한 결괏값을 보여주는 기술이 간단하지 않다는 것을 이해해야 한다.

'내 이름을 몇 명이나 검색하겠어?' 하는 의문은 버리자. 혹시 모를 일 아닌가. 그 몇 명 중에 내가 상상해 본 적도 없는 기막힌 인연이 있을지. 브랜더의 네이밍은 미래의 그이를 위해 미리 대문을 열어두는 배려다.

**참고 자료**

- "왓챠 브랜드 스토리", 왓챠 홈페이지.

- "왓챠가 걸어온 길", 왓챠 홈페이지.

- "왓챠 프레스킷", 왓챠 홈페이지.

# 12   나를 중심으로 브랜드 서클 멤버 모집하기

〈뉴닉〉

## 스몰 브랜드와 스몰 타깃

많은 브랜드가 '2030 여성'을 타깃으로 삼는다. 2030 여성이 소비 트렌드를 이끈다는 이유다. 2030 여성에 속한 나는 의아했다.

'동갑내기 친구랑 나만 비교해 봐도 성향이 너무나 다른데, 어떻게 20대 여성과 나를 동시에 만족시키겠다는 거지?'

사람들의 취향과 관심사는 점점 더 파편화되고 개인화되고 있다. 어제보다 오늘 더 다양해졌고 내일은 더 다양해질 것이다. 그럼에도 규모를 포기할 수 없는 빅 브랜드는 고급형 프리미엄 전략을 구사하거나 보급형 대중화 전략에 매진하는 모습을 보인다. 이는 스몰 브랜드에게 분명한 기회로 작용한다.

브랜드가 만족시키고자 하는 대상을 뾰족하게 설정하고 깊이 있게 파고 들면 작은 규모라도 뜨거운 반응을 얻어낼 수 있기 때문이다.


## 뉴미디어와 뉴 타깃

밀레니얼이 쓰는 유쾌한 언어로 밀레니얼을 위한 시사 뉴스레터를 보내는 〈뉴닉〉이 좋은 사례다.

〈뉴닉〉은 언론사와 비슷한 역할을 하지만 언론사라고 부르기엔 모호하다. 엄밀히 말하면 뉴미디어 브랜드. 기성 언론사 뉴스와 〈뉴닉〉의 차이점은 신조어의 쓰임만 봐도 알 수 있다.

'핵인싸'와 같은 신조어를 쓸 때 〈뉴닉〉은 〈○○일보〉들처럼 구태여 설명하지 않는다. 의미를 강조하는 뜻의 '핵'과 사람들과 아주 잘 어울리는 사람이라는 뜻의 '인사이더'가 합쳐진 신조어라는 부연 없이, '핵인싸'는 그냥 '핵인싸'다.

연령, 성별, 지역, 소득, 학력 등에 관계없이 누구에게나 두루 읽힐 수 있어야 하는 기성 언론은 신조어나 줄임말을 모르는 이들까지 고려해야 하므로 구구절절해지기 일쑤. 타깃의 차이가 기사의 톤앤매너 차이를 만들어낸 것이다. 빅 브랜드의 보급형

2020.3.17. 〈뉴닉〉 기사 "D-29 총선. 뉴닉이 뉴닉했다" 중에서.
'총선 뽀갤 수 있다는 자신감 가지기'를 위해 〈뉴닉〉은
'21대 총선 뽀개기 체크리스트'를 만들고 하나씩 뽀개나갔다.
©뉴닉

꼭 그렇게 다 뽀개야만
속이 후련했냐ㅏㅏㅏ!!

# 21대 총선 뽀개기
# CHECKLIST

☑ 총선 뽀갤 수 있다는 자신감 가지기

☐ 일자리/부동산/안전 공약 뽀개기

☐ 민생경제/정치/환경 공약 뽀개기

☐ 교육/평등/안보 공약 뽀개기

☐ (깨끗하게 맑게) 자신있게! 투표하기!

대중화 전략과 일맥상통하는 부분이다.

〈뉴닉〉의 톤앤매너가 특히 돋보였던 건 2020년에 있었던 제 21대 국회의원 총선 특집 기사였다.

당시 〈뉴닉〉은 투표 방법을 어려워하는 밀레니얼에게 '국회의원을 한꺼번에(총) 뽑는다(선)'는 총선의 뜻부터 알려줬다. 그리고 '총선 뽀갤 수 있다는 자심감'을 불어넣으며 기사를 펼쳐나갔다. '투표 방법, 가물가물 가물치'여도 문제없다면서 사람에 1표, 정당에 1표 행사하는 법을 친절히 알려줬다. '숭구리당당 정당당'이라는 제목을 걸고 정당별 특징을 요약하고 각각의 공약을 차근차근 정리해 줬다.

〈뉴닉〉의 마스코트 고슴이는 '꼭 그렇게 다 뽀개야만 속이 후련했냐ㅏㅏㅏ!!' 하면서 울부짖는 얼굴을 하고 있었다. 영화 〈해바라기〉의 김래원 패러디로, 밀레니얼에게 익숙한 짤이다.

## 〈뉴닉〉과 뉴니커

시시각각 변화하는 고객의 마음을 조준해야 하는 마케팅의 어려움을 두고 흔히 '움직이는 과녁 맞히기'라는 말을 한다. 그러나 〈뉴닉〉과 뉴니커를 보면 과녁이 어디 멀리에서 움직이고 있는 것 같지가 않다. 본래 과녁은 붙박이 아니던가.

**시간에 쫓겨 바쁘게 살면서도 세상이 궁금한 2030 밀레니얼 사회 초년생**

〈뉴닉〉을 읽는 사람들, '뉴니커'의 상은 처음부터 또렷했다. 세상이 궁금하지만 시간이 없어서, 재미가 없어서, 공감하기 어려워서 뉴스로부터 멀어진 사람들.

〈뉴닉〉은 그들의 상을 구체적으로 정의했다. '시간에 쫓겨 바쁘게 살면서도 세상이 궁금'하다는 가치관과, '2030 밀레니얼 사회 초년생'이라는 사회적 나이의 조합이다.

그리고 그들을 위해 아무리 바빠도 알아야 하는 이슈, 조금 더 깊이 알고 싶어 하는 이슈만을 콕 짚어 정리한다. 밀레니얼의 언어를 자유롭게 쓴다. 뉴스의 기능을 하면서도 감성적 효용을 자극한다. 좌우 어느 쪽으로도 치우치지 않고 팩트만 쉽게 알려주려고 노력한다.

## 브랜더의 과녁, 그리고 서클

나를 〈뉴닉〉이라고 가정해 보자. 나의 이야기를 기다리는 사람, 들어주는 사람, 구독자, 팬들은 어디에 있을까?

〈뉴닉〉 공동 창업자 김소연 CEO와 빈다은 COO에게 '그들'은 시간에 쫓겨 바쁘게 살면서도 세상이 궁금한 2030 밀레니얼 사회 초년생인 그들 자신이었다. 자신들이 선 곳 반경에 동그란 선을 그린 셈이다.

모두를 만족시키려 하면 아무도 만족시킬 수 없다. 개인 브랜드가 제대로 만족시켜야 할 첫 번째 대상은 바로 나 자신이다. 과녁의 정중앙에 서 있는 내가 만족하고 열광하는 것이어야 남도 움직일 수 있다. 시장의 니즈에 따라 서비스를 제공하는 '마켓 인' 전략이 아니라 생산자가 만족하는 서비스를 제공하는 '프로덕트 아웃' 전략을 구사해야 한다.

〈뉴닉〉에게 뉴니커가 있는 것처럼, 좋은 브랜드의 과녁은 일종의 '서클'과도 같은 형태로 발전한다.

브랜더의 서클은 속하고 싶은 사회를 닮았다. 이미 속해 있는 사회일 수도 있다. 그 안에는 평소 내가 어울리고 싶어 했던 사람들, 혹은 이미 어울리고 있는 사람들이 모여 있다. 그들의 생김새는 아래의 과정을 통해 가시화될 수 있다.

## 1) 서클 멤버의 이상적인 상 그려보기

현재 나의 서클 안에 있는 멤버, 혹은 멤버였으면 좋겠는 사람들을 상상하며 그들이 가진 가치관, 관심사, 태도를 나열해 본다. 나의 브랜드 서클은 이러한 상을 가졌다.

- 트렌드에 민감하면서도 자기 색을 잃지 않고 개성을 유지하는 사람들
- 과거의 영광에 머무르지 않고 현재의 만족을 이야기하며 미래로 나아가는 사람들
- 소비자를 넘어 자신의 이름을 걸고 콘텐츠를 창작하는 사람들
- 멋진 일보다는 옳은 일을 하며 청렴한 삶을 추구하는 사람들
- 일과 삶의 주도권을 쥐고 둘을 유연하게 통합하는 사람들
- '안정적인 삶'을 위한 일도 좋지만 '성장하는 나'를 위한 일이 더 좋은 사람들
- 그러면서 나라는 브랜드를 고민하고 답을 구해가는 사람들

## 2) 서클 멤버 구성원 정하기

실제로 내 주변에 있는 이들 중에서 이상적인 상에 부합하는 사람이 누구인지 단 몇 명이라도 적어본다.

### 3) 서클 이름 정하기

그들과 내가 모여서 실제 서클을 만든다고 가정하고 서클 이름을 만들어본다. 한 단어여도 좋고 문장이어도 좋다.

나의 서클에 부합하는 멤버는 SNS에서 내가 팔로우하고 있는 사람들 중 누군가이거나, 나를 팔로잉해 줬으면 하는 사람들이었다. '보여주고 싶은 나'의 모습을 봐줬으면 하는 사람. 그리고 '되고 싶은 나'의 모습으로 이미 살고 있는 사람들이다.

## 보이지 않지만 분명한 연결 고리

나와 닮은 서클 멤버들은 각자 자기 발밑에 동그란 서클을 그린다. 그리고 서로가 서로에게 영향력을 행사하고 있다. 소셜 네트워크 안에서 우리 모두가 수 갈래의 선으로 연결되어 있는 것처럼 말이다.

콘텐츠 기획자 김진영은 올해 번아웃을 겪고 일을 잠시 쉬었다. 그는 내면의 문제를 마주하면서 한 발 한 발 내딛다가 근래부터 천천히 '커리어 갭이어'를 받아들이고 있다.

좋은 질문의 힘을 믿는 인터뷰어이기도 한 그는 '나만의 시간을 달리는 사람들'을 인터뷰하는 콘텐츠를 기획했다. 자신과 닮은 사람들과 대화 나누는 시간이자, 김진영을 중심으로 한 서클을 만든 셈이다.

그에게는 그 만남이 치유이면서 성장이다. 그리고 만남의 결실로 만들어진 콘텐츠 〈일하는 사람의 갭이어〉는 김진영이라는 브랜드의 일부가 될 것이다. '나만의 시간을 달리는 사람들' 개개인의 브랜딩에 도움이 될 것은 물론이다.


부업이 많은 작사가 림고의 서클은 '음악으로 마음을 듣는 사람들'이다.

그는 감정의 원액을 발췌하여 가사에 정제하는 일을 한다. 좋다/싫다, 기쁘다/슬프다와 같이 뭉툭한 감정이 아닌, 마음의 이야기에 귀 기울여야 들을 수 있는 세밀한 감정을 캐치하고 그것을 언어로 표현하는 작업이 그의 일.

그는 '밑미'라는 플랫폼에서 여러 사람과 매일 음악을 듣고 그날의 감정을 기록하는 온라인 모임을 이끌고 있다. 모임 멤버들은 그에게서 마음 듣는 법을 배우고, 그는 멤버들이 써낸 기록에서 생각지 못한 영감을 발견한다.

그리고 림고라는 브랜드가 탄생시킨 가사는 대중의 마음에

닿아 또 다른 언어로 표현되고, 또 다른 이들에게 영감이 된다.

개인 브랜드에 타깃이란 활시위를 당겨 조준하고 저격해야 할 대상이 아니다. 눈에 보이지 않는 연결 고리다. 내가 연결되고 싶은 사람과 나에게 연결되고 싶은 사람들과의 유대다.

그들과 이룬 서클에 그럴듯한 이름이 부여되면 브랜더는 본격적으로 외연을 넓힐 수 있다. 먼저 나를 제대로 만족시키고, 그다음 한 명의 서클 멤버를 만족시키고, 또 다른 한 명, 두 명, 세 명을 만족시키다 보면 서클의 반경은 무한히 넓어질 수 있다.

지인 50명으로 시작한 〈뉴닉〉이 2021년 3월 현재 30만 뉴니커의 아침을 책임지고 있는 것처럼 말이다.

**참고 자료**

- 고현경, "[구독 특집] 밀레니얼 뉴스레터 '뉴닉'은 어떻게 탄생했나", 〈채널예스〉, 2019.10.11.

- "D-29 총선, 뉴닉이 뉴닉했다", 〈뉴닉〉, 2020.3.17.

# 13 경쟁 브랜드와 경쟁하지 않고 이기는 법

몰스킨

## '무과수의 집'처럼

브런치 마케터라는 이유로 종종 글쓰기나 출간에 대한 조언을 요청받는다. 나의 도움이 필요한 지인의 요청이라면 기꺼이 아는 만큼을 내어준다. 하지만 불특정 다수를 대상으로 하는 강연이나 기고는 어쩐지 조심스럽다.

처음엔 그저 '내키지 않음'이었다. 나중엔 수많은 이유가 떠올랐는데, '글쓰기'나 '출간'이라는 키워드로 브랜드 고정관념이 굳어지길 바라지 않는 마음이라는 걸 알게 되었다. 어떤 브랜드가 되고 싶은지를 구체적으로 생각해 보기 전부터 그것이 내 브랜드의 지향점은 아니라는 걸 감지했던 것이다.

'오늘의집'에서 콘텐츠&커뮤니티 매니저로 일하는 황다검도 비슷한 고민이 있었다.

그의 일은 국내 인테리어 트렌드의 중심에 있다. 그래서 그에게는 집 꾸미기 노하우를 알려달라는 요청, 인테리어 제품을 추천해 달라는 요청이 많다. 물론 그가 너무나 잘할 수 있는 일이고 잘하고 있는 일이다. 하지만 궁극적으로 하고 싶은 얘기는 조금 다르다.

바삐 흘러가는 도심에서 우리는 종종 균형을 잃는다. 각개전투로 살아가는 데 익숙한 나머지 누구에게 도움을 청해야 할지 몰라 혼자 끌어안고 끙끙대다 마음이 갈 곳을 잃곤 한다. 손을 내밀어 내가 가장 따스하다고 여기는 공간으로 들이는 것. 그것이 내가 할 수 있는 가장 큰 위로라고 생각한다. '무과수의 집'은 더 이상 나만의 공간이 아닌 누군가를 위로하는 또 다른 세상이 된 것이다.

_황다검

황다검은 '무과수'라는 필명으로 활동하는 작가이기도 하다. 그는 인스타그램에 '#무과수의집'이라는 해시태그를 달고 꾸준히 일상을 기록한다. 건강한 루틴을 만들기 위한 노력, 동네 산책을 하면서 본 귀여운 풍경, 집에 초대한 사람들에 대한 이야기

등 소소하지만 따뜻한 감성이 느껴지는 글과 사진이다.

피드를 가득 채운 집 사진 중 각 맞춰 정리된 모습은 찾아보기 어렵다. 그럼에도 근사하다. 무과수의 집 특유의 색이 느껴진다. 그것이 그가 지향하는 '집다운 집'이라고 매일에 걸쳐 말하는 것 같다. 나만의 공간을 꾸미고 싶은 욕구, 나다운 방식으로 더 잘 살고 싶은 욕구, 나와 닮은 공간에서 휴식하고 싶은 욕구, 나만의 안식처에서 마음을 돌보고 싶은 욕구를 향해 "같이 잘 살아보자"고 속삭인다. 그로 인하여 나도 무과수의 집처럼 집다운 집에 살고 싶어졌다. 나다운 집을 가지고 싶어졌다.

인테리어라는 필드에 이력을 두고 있지만, 진정한 삶과 균형에 대한 고민을 나누는 것. 3만 6천여 명의 팔로워들에게 황다검, 그리고 무과수라는 브랜드가 특별하게 여겨지는 것은 바로 이러한 차이 때문이 아닐까.


## 헤밍웨이처럼

언젠가는 헤밍웨이 같은 글을 쓰고 싶다고 생각했던 적이 있다. 몰스킨을 처음 발견했던 날이다.

반무광의 검은색 하드커버, 고무 밴드, 둥근 모서리, 미색 내지, 뒤쪽에는 이너 포켓이 달린 고급스러운 노트. 오래 바라온 '군더더기 없는' 노트였다. 헤밍웨이도 몰스킨을 썼다고 했다. 내 친김에 만년필도 하나 골랐다. 노트와 같은 검은색으로. 글을 쓰기도 전에 헤밍웨이의 영혼과 연결되는 듯한 착각이 들었다.

나중에야 안 사실이지만, 나의 몰스킨과 헤밍웨이의 몰스킨은 다른 것이었다. 나의 몰스킨은 1997년에 태어났다. '필라멘트가 끊어진 전구처럼' 헤밍웨이가 세상을 떠난 지 36년 뒤다.

나의 몰스킨에는 출생의 비밀이 있다. 비밀을 푸는 열쇠는 또 다른 작가, 브루스 채트윈. 정확히 말하면 그가 남기고 떠난 책, 《송라인》에서 비밀 같은 전설이 시작된다.

## 전설의 시작

《송라인》은 1987년 출간된 호주 여행기다. 채트윈이 호주에 머무르며 《송라인》의 초안을 구상할 때, 그의 손에는 항상 검은색 작은 노트가 들려 있었다. 호주로 떠나기 전에 파리에 들러 100권이나 구입했을 정도로 그가 분신처럼 애용하던 노트다. 채트윈은 《송라인》에 그 노트를 언급했다.

나는 주머니에서 검은색 작은 노트를 꺼냈다. 기름을 먹인 천으로 감싸고 페이지를 고정할 수 있도록 고무줄을 달아놓은 노트였다. (…) 요즘은 거의 제작하지 않기 때문에 파는 곳을 찾기 어렵다. 예전에 나는 이 노트들을 파리에서 구하곤 했다.

그리고 덧붙였다.

프랑스에서 이런 유의 공책을 '카르네 몰스킨(Carnets Moleskines)'이라 불렀다. 프랑스어로 '몰스킨'은 검은 유포지를 사용한 표지를 뜻한다.

몰스킨 스타일의 수첩(Carnet)은 사실상 무명이나 다름없는 이름이다. 몰스킨(Moleskine)은 두더지(Mole)의 가죽(Skin)이라는 뜻에서 나온 보통명사. 사전적 의미로는 '표면이 부드럽고 질긴 면직물'을 뜻한다.

카르네 몰스킨을 만들던 파리의 장인이 세상을 떠나며 채트 윈의 노트는 명맥이 끊기고 말았다. 그리고 1995년, 이탈리아 밀라노에서 한 디자이너에 의해 브랜드로 다시 태어났다.

## 전설의 재현

마리아 세브레곤디는 《송라인》에서 카르네 몰스킨을 발견하고 강렬한 호기심에 사로잡혔다. 그는 여행 용품 스튜디오였던 모도 앤 모도를 찾아가 전설의 노트를 부활시키자고 제안했다. 그래서 만들어진 노트의 이름이 바로 '몰스킨'.

세브레곤디는 몰스킨의 첫 장에 'In case of loss⋯⋯'라는 문구를 디자인해 넣었다. 만약 노트를 잃어버리더라도 다시 찾을 수 있도록 이름과 연락처, 사례금을 적는 난을 만든 것이다. 채트윈의 정신을 이어받은 아이디어였다.

**여권을 잃어버리는 건 작은 걱정거리 중 하나에 불과하다. 노트를 잃어버린다면 그것은 대재앙이다.**

브루스 채트윈은 《송라인》을 남기고 48세의 나이로 세상을 떠났다. 하지만 《송라인》에 남긴 그의 기록 덕분에, 그리고 그것을 발견해 내어 복각해 준 세브레곤디 덕분에 현대의 독자들은 몰스킨으로 그와 연결된다.

## 노트 vs. 아직 쓰이지 않은 책

몰스킨은 노트다. 하지만 평범한 노트와는 다르다.

몰스킨은 자신을 '아직 쓰이지 않은 책'이라고 말한다. 노트를 팔지만 문구 브랜드는 아니라고 말한다. 그래서 몰스킨은 문구점이 아닌 서점에서 판매된다. 책에 부여되는 국제표준도서번호 ISBN까지 등록돼 있다. 그리고 카르네 몰스킨을 사용했던 거장들의 초상과 함께 이러한 홍보 문구를 내건다.

**빈센트 반 고흐, 파블로 피카소, 어니스트 헤밍웨이, 브루스 채트윈 등이 즐겨 쓰던 전설적인 노트**

'과거 2세기 동안 예술가와 사상가들이 사용해 온 전설적인 노트의 상속자이자 계승자'임을 자처하는 것이다. 2006년부터 몰스킨을 이끌어 온 베르니는 기존 노트와 몰스킨의 차이를 '경험'이라는 키워드로 설명한다.

요즘 소비자들은 사실 물건을 사는 것이 아닙니다. 물건 이상을 하죠. 바로 '경험'을 사는 것입니다. 물론 실체가 있는 물건을 사긴 하지만, 그것은 만질 수 있고 물리적인 니즈를 해소하기 위해서만이 아니에요. 만질 수 없고,

감정적이고, 지위나 정체성에 연관된 니즈를 해결하기 위한 것입니다. 매
슬로의 욕구 단계설처럼요.

_아리고 베르니, 몰스킨 CEO

기존 문구 시장의 노트는 성능 중심으로 세일즈한다. 무지와
유선, 격자와 도트 패턴이 있다고 알려준다. 일간, 주간, 월간 스
케줄러가 있으니 원하는 대로 쓸 수 있다고 한다. 다양한 컬러와
사이즈가 준비돼 있고, 튼튼한 커버와 비침 없는 내지를 사용하
였음에도 가격은 저렴하다고 강조한다.

몰스킨은 다르다. 여느 노트에 뒤지지 않는 성능을 가졌음에
도 불구하고 성능 경쟁에 끼어들지 않는다. 그저 "아직 쓰이지
않은 책의 빈 페이지에 당신만의 이야기를 펼쳐보라"고 권유한
다. 고흐, 피카소, 헤밍웨이, 채트윈과 이어진 듯한 기분을 느끼
게 한다. 몰스킨을 쓰는 사람들은 거장과 어깨를 나란히 한 채
자신만의 이야기를 써 내려간다.

## 결핍 욕구 vs. 성장 욕구

매슬로의 욕구 단계설에 따르면 인간의 욕구는 5단계로 나뉜다.

몰스킨.
©뉴요커

생리 욕구, 안전 욕구, 애정·소속 욕구, 존경 욕구, 그리고 자아실현 욕구가 그것. 생리, 안전, 애정·소속, 존경 욕구는 결핍에 의한 욕구다. 따라서 적당량을 채우면 욕구가 충족된다. 반면 자아실현 욕구는 성장하고자 하는 욕구이므로 적당량이라는 게 없다. 충족이 될수록 그 욕구가 더욱 증가한다.

자신의 잠재력을 발휘하며 계속 성장하고 싶은 사람들에게는 마르지 않는 동기의 샘이 있다. 자아실현 욕구와 성장 욕구는 그 동기의 재료.

기존의 노트들은 실용성, 가성비, 심미성 등을 내세우며 물건을 팔아 소비자의 결핍을 충족시킨다. 한편 몰스킨은 경험을 선사함으로써 마르지 않는 최상위의 욕구를 타기팅한다. 스스로를 '문구 브랜드가 아니다'라고 정의한 순간 노트 카테고리 내에서의 욕구 경쟁을 뛰어넘어 버린 것이다. "사세요"라고 말하지 않고도 전 세계에 수많은 몰스키너리를 움직인 비결이 여기에 있다.

이는 개인 브랜드가 포지셔닝을 고민할 때 유용한 인사이트가 될 수 있다. 나라는 브랜드를 '어떤 카테고리'에 종속시킬지도 중요하지만, 나의 브랜드 서클 멤버들이 '어떤 욕구'를 가지고 있는지 이해하는 것도 중요하기 때문이다.

몰스킨은 114개 국에서 판매되는 글로벌 브랜드다. 근래 세계 문구 시장은 연간 5퍼센트 미만의 저성장 추세. 반면 몰스킨의 성장률은 30퍼센트. 연매출 1억 5천만 유로(약 2천 30억 원)를 기록하고 있다.

혹자는 몰스킨을 두고 디지털 시대의 풍파 속에서 '살아남았다'고 한다. 하지만 몰스킨이 보여주는 숫자를 보면 오히려 '번창하고 있다'는 표현이 알맞아 보인다.

다만 문구 시장의 성장률이 몰스킨에 적절한 비교 대상인지는 모르겠다. 몰스킨은 문구 브랜드가 아니니까.

**참고 자료**

– 　　　제이오에이치 편집부, 〈매거진 B(Magazine B) No.62: Moleskine〉(2017.12), 제이오에이치.

– 　　　박찬용, 《요즘 브랜드》, 2018, 에이치비프레스.

– 　　　제이오에이치 편집부, 〈The Home〉(2020.9), 제이오에이치.

– 　　　백승재, "[Cover Story] 무덤에서 부활한 몰스킨의 성공 마케팅", 〈조선비즈〉, 2009.7.10.

# 14 골수팬이 브랜드를 떠나는 이유

인스타그램

## 인스타그램발 대공황

2016년 5월 인스타그램이 앱 아이콘 디자인을 바꿨다. 그러자 전 세계가 웅성거렸다.

올해 최고로 실패한 디자인 _〈애드위크〉

인스타그램 로고가 일으킨 2016 대공황 _〈뉴욕타임스〉

사실 어느 정도 예견된 결과였다.

인스타그램은 사진에 분위기 있는 필터를 입혀 공유한다는 아이디어로 흥했다. 스마트폰과 아날로그 감성의 조화는 앱 아

변경 전  변경 후

이콘 디자인에도 그대로 드러났다. 폴라로이드 카메라의 가죽 질감과 빛이 반사되는 까만 렌즈를 직관적으로 묘사한 스큐어 모픽 아이콘. 그것은 인스타그램의 상징이었다.

2013년 애플이 iOS 7을 발표하면서 플랫 디자인이 세계적인 트렌드가 되고, 거의 모든 브랜드가 부리나케 앱 아이콘을 플랫하게 바꿀 때도 인스타그램은 동요하지 않았다. 인스타그램 앱 아이콘의 볼록한 입체감은 플랫한 디자인 사이에서 독보적인 존재감을 드러냈다.

처음에는 변화할 타이밍을 놓친 것처럼 보였다. 다음에는 브랜드 아이덴티티를 잃지 않겠다는 강한 의지로 비쳤다. 모든 가게가 네온사인 간판으로 바꿔 달 때 100년은 됐을 법한 오동나무 간판을 내리지 않는 명맥 있는 설렁탕집 같았다. 의도했든 아니든 인스타그램은 플랫 디자인에 대항하는 최후의 보루가 되어갔다.

인스타그램에 애정이 깊은 사용자들은 뚝심을 응원하는 한편 언젠가는 닥쳐올 변화에 마음의 준비를 하고 있었다. 그럼에도 불구하고 2016년 5월의 변화는 쓰나미급 재앙으로 몰아쳤다. 어디에 가져다 놔도 기죽지 않을 선명한 무지갯빛 앱 아이콘이 5억 명(당시 인스타그램 기준 월간 이용자 수)에 달하는 사용자의 스마트폰에 새겨졌기 때문이다.


## 잊힌 대공황

매일 사용하던 '그' 인스타그램 어플임을 유추할 수 있는 단서는 하나뿐이었다. 하얀색 라인아트로 표현된 카메라 모양. 폴라로이드 카메라가 주던 감성은 온데간데없이 사라졌다.

기존 아이콘에는 폴라로이드 카메라 좌측 상단에 빨노초파 무지개 컬러가 있었다. 오색찬란 그러데이션이 그것에서 발전한 거라고 이해하려 해봐도 이질감이 상당했다.

SNS에는 짤 하나가 퍼졌다. 한 꼬마 아이가 컴퓨터를 만지작거리면서 포토샵에서 제공하는 기본 그러데이션 옵션을 인스타그램 앱 아이콘에 적용하는 짤이다. 클릭 몇 번에 슥슥. 그리고 씨익 웃으며 꼬마는 엄지손가락을 치켜든다. 인스타그램이 꼬

SNS를 통해 퍼진 gif.
앱 아이콘 변경 프로젝트를 이끈 디자이너 이언 스폴터도 이 짤을 봤다.

마도 만들 수 있는 성의 없는 디자인을 내놓았다는 조롱이었다.

그러나 인스타그램은 동요하지 않았다. 특유의 '뚝심'을 발휘했다. 결과는 어떻게 됐을까?

2018년 〈블룸버그〉는 인스타그램의 기업 가치가 1천억 달러(약 111조 원)를 넘어설 것이라고 추산한 바 있다. 2012년 페이스북이 인스타그램을 인수할 당시 지불한 10억 달러보다 무려 100배가 뛴 금액이다.

2020년 현재 인스타그램 월간 이용자 수는 약 10억 명에 이른다. 로고 변경 후 2배가 성장한 것이다. 문득 궁금해졌다.

그 시절 인스타그램을 향해 화내고 조롱하던 사람들은 지금 어디서 무얼 하고 있을까? 혹시 다 잊고 인스타그램을 잘만 쓰고 있지는 않을까? 나처럼.

## 골수팬의 위협

브랜드가 자리를 잡고 팬을 구축하고 나면 전에 없던 위협이 생겨난다. 바로 골수팬의 불만이다.

"제가 초창기부터 지켜봐 온 팬인데……"로 시작하는 불만은 힘이 세다. 그 말 속에는 '다른 고객 말은 다 안 들어도 내 말은 들어줄 거야'라는 믿음이 섞여 있다. '내 말을 듣지 않으면 사달이 날 거야'라는 으름장도 없다고 할 수 없다. 고객의 삶에 브랜드가 관여한 기간이 길수록, 관여도가 높을수록 불만은 거세진다.

그래서 브랜드는 골수팬이 불만을 제기하면 어느 때보다 귀 기울여 들을 수밖에 없다. 오랜 팬의 믿음을 저버리지 않기 위하여. 행여나 정말로 날지도 모를 사고나 탈에 주의하며.

골수팬이 많아질수록 브랜드가 귀 기울여야 할 대상이 많아짐은 물론이다. 불만을 듣고 해결하는 데 드는 시간은 브랜드 성장과 비례해 증가한다. 과거에는 하루 10분이면 충분했을지도 모른다. 그러다 한 사람이 하루에 1시간, 세 사람이 하루에 2시간, 다섯 사람이 하루에 5시간. 온종일 불만을 듣고 해결하는 데만 매달리는 팀이 만들어진다.

VOC(Voice Of Customer) 해결은 때에 따라 브랜드가 최우선으로 수행해야 할 과제다. 하지만 때때로 그것은 브랜드의 균형 감각을 상실시키는 위협 요소로 작용한다.

특히 혼자서 모든 것을 해결해야 하는 개인 브랜드에는 직격타가 될 수 있다. '브랜드'를 향하는 비판이 곧 '나'라는 사람을 향하는 비난과 동일시되기 때문이다.

그 대상이 사람이든 브랜드든, 애정으로 시작된 불만은 공통분모를 가지고 있다. 오래 알고 지냈을수록, 애정이 깊었을수록 목소리가 커진다.


## 불만의 두 가지 패턴

모든 사람을 만족시킬 수는 없다. 이 자명한 사실을 외우고 또 외워도 본래 뜨거운 가슴은 쉬이 차가워지지 않는다. 머리로는 알지만 객관과 이성을 발휘하기 힘든 게 인지상정.

때문에 브랜더는 더욱더 최선을 다해 냉철해져야 한다. '잎새에 이는 바람'에도 흔들린다면 브랜드로서의 중심도, 개인으로서의 정신 건강도 지켜내기 어렵다.

눈 감고 귀 닫는 것도 나쁘지 않은 방법. 그러나 불만의 근원을 찾아 해결하고 싶다면 현상을 직시하는 것도 좋다. 불만이 '왜' 제기되었는지 알면 '어떻게' 대처할지 판단하는 데 용이할 것이다.

브랜드를 향한 고객의 불만에는 크게 두 가지 패턴이 나타난다.

첫 번째 '왜'는 브랜드의 변화에 있다.

브랜드 관여도가 높은 고객은 브랜드가 '변했다'고 느낄 때 불만을 제기한다. 변화는 태생적으로 불만을 담보한다. 사람들은 변화를 스트레스로 여기기 때문이다. 익숙하고 안정적인 삶에 일어나는 예기치 않은 변화일수록 그렇다. 그럴 때 변화는 저항의 대상이 된다.

인스타그램 앱 아이콘이 갑자기 바뀌었을 때처럼 (불편 없이 매일 잘 쓰던 거니까) '멀쩡한 걸 왜 건드려?'라는 생각부터 드는 것이다.

두 번째 '왜'도 브랜드의 변화에 있다.

브랜드 관여 기간이 긴 고객은 브랜드가 '변하지 않는다'고 느낄 때 불만을 제기한다. 브랜드와 함께 성장하면서 애정이 깊어진 고객은 자신도 모르는 사이에 브랜드에 거는 기대가 커진다. 브랜드가 자신의 니즈를 충족시켜주기를, 브랜드가 자신을 특별 대우해 주기를 바란다.

기대가 크면 실망도 큰 법. 커다란 실망은 큰 목소리로 이어진다.

변화를 해도 문제, 안 해도 문제.

변화를 하면, 고객들이 변화를 받아들이기까지 저마다의 시간이 필요하다. 그리고 누군가는 끝까지 변화를 받아들이길 거부하고 저항한다. 변화를 안 하면, 어떤 고객은 반드시 떠난다. 그리고 누군가는 끝까지 떠나지 않고 '변화하지 않는다'고 불만을 늘어놓는다.

중간은 없는 걸까?


## 변해서 서운한 팬들

골수팬이 "변했다"고 말할 때에는 '옛날 같지 않다'는 뜻을 내포하는 경우가 많다. 나만 아는 것 같아서 더 좋았던 인디 밴드나 숨은 맛집이 유명해졌을 때 느끼는 감정과 비슷하다.

브랜드 입장에서는 딜레마다. 규모가 커지면 케어해야 하는 고객이 많아지고 요구도 다양해진다. 확장하고 발전하려면 작든 크든 변화는 필수불가결. 인스타그램 앱 아이콘 리뉴얼도 그런 경우였다.

인스타는 단순히 사진을 찍고 꾸미는 어플이 아니다. 이미지를 중심으로 이루어진 커뮤니티다. 그 안에서 수많은 관계가 맺어지고 추억이 기록된다. 관심사를 노출하고 타인과 교감을 이룬다. 기존의 폴라로이드 모양만으로는 그 의미를 다 담아내기 어려운 사회적 공간이 되었다.

인스타그램은 여러 가지 새로운 기능과 비즈니스 모델까지 더 멀리 나아가기 위한 첫걸음으로 앱 아이콘 리뉴얼을 택했다. 앞으로 선보일 변화에 대한 일종의 신호였다.

그 과정에서 터져 나온 불만은 변화 자체에 대한 불만이기도 하지만, 공감대 형성의 실패였다고 해석할 수도 있다. '변해서 싫다'가 아니라 '변할 거라고 말해주지 않아서 서운하다' 정도의 감정 아니었을까. 브랜드와 꽤 친하다고 생각했던 골수팬 입장에서는 '미리 상의는커녕 예고도 안 해주고 덜컥 결과만 통보하다니, 괘씸하다'고 여길 수 있다.

따라서 이는 변화로 인한 결괏값이 잘못되었다기보다는, 변화의 과정에서 역지사지의 세심함을 발휘했더라면 어느 정도 대응 가능했을 문제다. 멀리 가기 위한 변화의 발걸음이라면 더더욱 챙겨야 하는 부분이다.

## 변하지 않아서 떠나는 팬들

골수팬들이 "변하지 않는다"는 불만을 제기할 때에는 문제가 좀 복잡하다.

그들 중 일부는 '팬'을 지위로 여기고 권력을 휘두른다. 그리고 브랜드가 나아가는 방향과 관계없는 변화를 요구한다. 이를테면 인스타그램에 '리그램' 기능 도입을 요구하는 것과 같다.

트위터와 페이스북에서는 타인의 게시물을 쉽게 인용할 수 있지만 인스타그램은 그렇지 않다. 리그램을 편하게 해달라는 피드백이 예전부터 있어왔지만 받아들이지 않는다. '크리에이션 도구'라는 인스타그램의 정체성에 위배되기 때문이다.

아무리 골수팬이라 하더라도 브랜드의 중심을 흔드는 피드백까지 수용할 수는 없다.

한편, 진정한 팬이 브랜드에 변화를 요구한다면 브랜드가 정체되어 있는 건 아닌지 점검해 볼 필요가 있다.

멈춰 있는 브랜드에 피드백을 전하는 고객이 몇이나 될까? 움직여야 불만도 생기고 소통도 일어난다. 움직이지 않는 브랜드에 고객이 애써 피드백을 전하기란 쉽지 않다. 그럼에도 불구하고 브랜드를 찾아가 변화를 요구하는 고객이 단 한 명이라도 있다면, 채찍질로 받아들여야 한다.

고객과 함께 발전하는 브랜드에는 반드시 성장통이 따른다. 성장 과정에서 겪는 통증이 두려워 브랜드가 더디 걸으면, 어느 순간 고객은 저만치 앞서 나가 있을지도 모른다. 브랜드보다 빨리 자라버린 고객이 자기 몸에 맞는 옷을 찾아 떠난다면 붙잡을 수 없다.

다만, 브랜드가 일관된 정체성을 유지하며 그 안에서 나름의 발전을 하는 중에 떠나는 고객이 생길 때는 고객의 관심사가 바뀌었다고 보는 편이 옳을 것이다. 함께할 수 있는 유통기한이 무한대일 수는 없으니까.

**참고 자료**

– 제이오에이치 편집부, 〈매거진 B(Magazine B) No.68: Instagram〉(2018.7), 제이오에이치.

– 〈앱 스트랙트: 디자인의 미학〉 시즌2 이언 스폴터: 디지털 경험과 디자인, 넷플릭스, 2019.

# 15    돈 들이지 않고 브랜드 광고하기

유한락스

## 돈 버는 광고의 비밀

한 사람이 하루 동안 접하는 광고가 몇 개나 될까?

평균 3,000개라고 한다.

TV CF를 비롯해 출근길에 동행한 지하철 광고, 딱지 모양으로 접어서 버린 음식점 전단지 광고, 유튜브를 보다가 '5초 뒤에 SKIP'한 동영상 광고, 인스타그램 피드에서 '숨기기' 처리한 스폰서 광고 같은 것.

무인도에 살지 않는 이상 우리는 언제 어디서든 광고를 접한다. 하지만 누군가가 "오늘 무슨 광고를 봤느냐" 하고 물으면 얼른 대답하기 어렵다. 비슷한 일을 하는 직업인으로서 나는 가급

적이면 스킵하거나 숨기기 하지 않는 편임에도 불구하고 매일 평균 3,000개의 광고를 흘려보낸다. 어쩐지 미안한 마음이 들지만 어쩌지 못하는 것이 현실.

그러나 대한민국 대표 광고인 박웅현의 광고는 달랐다.

"진심이 짓는다"(대림 e편한세상), "사람을 향합니다"(SK텔레콤), "나이는 숫자에 불과하다"(KTF) 같은 광고로 15초 만에 감동을 일으켰다. 브랜드를 기억하게 했다. '사람을 향하는' 메시지의 힘이었다.

**기억하는 가장 좋은 방법은 감동받는 것이라고 합니다. 그래서인지 지식이 많은 친구들보다 감동을 잘 받는 친구들이 일을 더 잘합니다. 감동을 잘 받는다는 건 풍요로운 삶을 살고 있다는 증거이기 때문입니다.**

_박웅현, 《책은 도끼다》

그가 말한 감동을 파고들어 보면, '감동받는 친구'를 '감동 주는 브랜드'라고 바꾸어도 뜻이 통한다는 걸 알 수 있다.

고객에게 기억되는 가장 좋은 방법은 감동을 주는 것이라고 합니다. 그래서인지 멋지고 화려한 브랜드보다 진한 감동을 주는 브랜드가 마음에 더 남습니다. 감동을 줄 수 있다는 건 브랜드가 고객에게 진심을 다하고 있다는 증거이기 때문입니다.

광고의 진정한 가치는 광고를 만들기 위해 '얼마를 썼느냐'가 아닐 것이다. 그 광고가 사람들에게 '얼마나 기억되느냐'에 가치가 좌우된다. 수억을 들여 광고했지만 아무런 감동을 주지 못했다면 가치는 마이너스. 반면 돈 한 푼 쓰지 않았지만 진한 감동을 줬다면 수억을 벌어들인 것만큼의 가치가 생산된다.

그래도 돈 많은 기업에서는 수억만큼의 가치를 만들어내기 위해 수억을 들인다. 수억은커녕 수백만도 쓰기 힘든 개인 브랜드는 선택의 여지가 없다. 광고를 하고자 한다면 '어디에 얼마를 쓸까'를 찾는 데 시간을 허비하지 않길 바란다. 중요한 건 '누구에게 어떤 감동을 줄까'이다.

2020년 나에게 감동을 준 최고의 광고도 바로 그런 것이었다.

## 유한락스의 진심

코로나바이러스감염증-19로 전 세계가 팬데믹에 빠졌다.

국내 확진자는 2020년 1월 20일 처음 발생했다. 2월 20일부터는 확진자 수가 믿기 힘들 정도로 급증했다. 전 국민이 외출을 자제했다. 뉴스에서 눈을 뗄 수 없었다. 마스크와 손소독제 등의 위생용품이 동나기 시작했다. 가격이 천정부지로 뛰었다. 급기야 정부가 나서 가격 단속을 벌이고 마스크 5부제라는 이름으로 공적 마스크를 공급했다.

유한락스의 진심은 그때 전해졌다.

**"감염병을 효과적으로 예방하지만 안전한 살균소독법"**

3월 2일 유한크로락스 홈페이지 게시판에 글 하나가 올라왔다. 장문이었다. A4 용지로 환산하면 대략 2장 분량. 스크롤을 몇 번이나 내리면서 읽어야 했다.

서문에는 "혼란의 시기일수록 정확한 정보와 이해가 중요하다"라는 문장이 있었다. 살균소독 물질과 사용 방법에 대한 오해를 풀고 이해를 돕는 취지의 글이었다. 요지는 이랬다.

**유한락스를 비롯하여 모든 살균소독제는**

**1) 뿌리지 말고 묻혀야 하고**

**2) 방치하지 말고 닦아내야 하며**

**3) 반드시 손을 씻어서 살균소독 과정을 마무리해야 합니다.**

글은 친절하고 다정했다. 각각의 이유를 설명하기 위해 화학 작용과 관련된 전문적인 내용을 다뤘음에도 불구하고 이해하기 쉬웠다. 문맥에서 단단함이 느껴졌다.

압권은 '성능과 가격'에 대한 설명이었다.

살균소독제의 성능은 유효 성분의 종류와 농도에 의해서 결정된다. 성능이 가격에 비례할 수 없다. 이 말인즉슨 비싼 제품이라고 해서 무조건 성능이 강력하거나 안전하거나 편리할 거라고 판단해서는 안 된다는 것이다.

어찌 보면 당연한 얘기. 다소 비싸더라도 '강력하다'고 광고하는 살균소독제를 샀을 때 성능에 만족한 적이 있던가? 나는 아니었다. 근래에는 '예쁘기라도 한 비싼 제품'을 사들이곤 '나쁘지 않은 성능'에 위안하기까지 했다. 살균소독 성능과 심미적 성능의 사이 어느 즈음이었다.


## 진심 속에 담긴 올바른 철학

유한락스는 왜 이런 당연한 얘기를 이렇게까지 공들여 쓴 걸까? 결국은 유한락스 홍보 아닌가?

비판적 의문이 고개들 때, 이어지는 글을 읽고 내 입에서는 나직한 탄성이 새어 나왔다.

만약 비싸서 더 강력하지만 편리하고 안전한 살균소독 물질이 있다면, 전세계의 보건기구가 나서서 반드시 그러한 물질이나 기기의 가격을 낮춰야 합니다. 왜냐하면 가난한 자가 단지 가난하기 때문에 불결할 수밖에 없다면 공중위생은 아무리 부유한 자도 결코 도달할 수 없는 상태가 되기 때문입니다. 위와 같은 이유로 자의 반 타의 반 공중위생을 책임져야 하는 유한락스는 어떤 상황에서도 가격이 저렴해야 합니다.

"기업에서 얻은 이익은 그 기업을 키워준 사회에 환원하여야한다"는 유한양행 창립자 유일한 박사의 말이 떠오르는 순간이었다.
다시 공들여 읽어보니 글에서 말하고자 하는 바는 이랬다.

비싼 제품, 예쁜 제품의 '소비자'가 아니라 올바른 '사용자'가되어주세요. 그리하여 모두가 코로나19 사태를 안전하게 극복하기를 진심으로 기원합니다.

글은 17만 가까이 조회되었다. 200여 개의 댓글이 달렸다. 일평균 1,500~2,000명이었던 방문자가 한때 3만 명 이상으로 폭

증했다.

유한락스는 이어지는 질문 하나하나에도 세심하게 답변했다. 사용자의 의견과 요청을 받아들여 글 본문에 추가 정보를 기재하기도 했다. 감동이었다.


## 진심 속에 담긴 올바른 태도

'알고 보니 이런 일도 있었더라'며 과거의 감동까지 재조명됐다. 2017년의 일이다.

한 초등학생이 유한크로락스 홈페이지를 찾았다. 유한락스를 사용해 실험을 했는데, 실험 가설과 결과가 달랐다는 것이다. 원인을 알고 싶다는 질문이었다.

'유한락스! 방학 숙제를 도와주세요!'라는 외침은 유한크로락스 연구소에 의뢰되었다.

3일 뒤 정성스러운 답변이 달렸다.

공유해 주신 흥미로운 실험과 결과에 대해서 유한크로락스 연구소의 연구원 분들께서 최대한 관련 이론을 살펴보고 유사한 실험 사례를 종합한 결과 아래와 같이 답변을 정리하였습니다.

저희가 정리한 질문자 님의 연구가설은 아래와 같습니다.

1번 가설 "락스 희석액에서 생육한 식물은 바로 죽을 것이다."

2번 가설 "퐁퐁이나 세탁세제 희석액에서 생육한 식물은 서서히 말라죽을 것이다."

3번 가설 "과탄산소다는 친환경이니 희석액에서 키운 식물은 잘 성장할 것이다."

그런데 실험 결과, 2번 가설은 예상대로 진행됐지만 1번과 3번 가설은 생각과는 달랐다고 하셨습니다. 그 이유를 저희가 추론해 보면 다음과 같습니다.

　글은 각 가설의 기각/채택 이유에 대한 설명으로 이어졌다.

　소량의 락스를 충분히 희석한 물에 식물을 담그면 물과 식물을 살균해 보다 건강하게 유지될 수도 있다고, 역시나 친절하고 다정하게 설명했다. 락스가 인체에 유해한 독성 물질이라는 오해를 많이 받지만 '락스의 주성분인 차아염소산나트륨은 식품 살균에 사용되는 식품첨가물이며 음용수 소독에 사용되는 수처리제'라고, 어려운 내용도 이해하기 쉽게 적었다.

　무엇보다 인상적이었던 건 글에서 느껴지는 태도였다. 유한락스는 질문자를 '초등학생'이 아닌 '연구에 임한 자'로 대하고 있었다. 연구자가 연구자에게 전하는 답변이었다. 학생임을 상기시키는 대목은 마지막 문장뿐이었다.

root 2017.08.21 16:36

정현서님 안녕하세요.
공유해주신 흥미로운 실험 결과에 대해서 유한크로락스 연구소의 연구원분들께서
최대한 관련 이론을 살펴보고 유사한 실험 사례를 종합한 결과 아래와 같이 답변을 정리하였습니다.

저희가 정리한 정현서님의 연구가설은 아래와 같습니다.
1번 가설 "락스 희석액에서 생육한 식물은 바로 죽을 것이다.
2번 가설 "퐁퐁이나 세탁세제 희석액에서 생육한 식물은 서서히 말라죽을 것이다."
3번 가설 "과탄산소다는 친환경이니 희석액에서 키운 식물은 잘 성장할 것이다."

그런데 실험 결과, 2번 가설은 예상대로 진행됐지만 1번과 3번 가설은 생각과는 달랐다고 하셨습니다. 그 이유를 저희가 추론해 보면 다음과 같
습니다.

이 실험은 '식물에 생활화학제품을 종류별로 줬을 때, 독성이 강한 것부터 식물이 죽을 것이다'를 기본으로 실험이 설정되어, 그에 대하여 락스가
가장 독성이 강할 것이고, 퐁퐁/세탁세제, 과탄산(소다) 순으로 독성이 약할 것으로 예상한 것으로 보입니다.

앞서 말씀드릴 것은, 물질의 독성은 단편적으로 판단할 수 없으며, 시험대상뿐만 아니라 시험방법, 투여방법 등에 따라 달라지므로, 한가지의 실
험으로 독성을 판단할 수 없음은 참고해주시기 바랍니다.

1번 가설 기각의 이유
- 락스가 인체에 유해한 독성 물질이라고 오해하는 분들이 많습니다. 하지만 락스의 주성분인 차아염소산나트륨은 과일, 채소류 등의 식품 살균
에도 사용하는 식품첨가물이며, 정수장 등에서 음용수 소독에도 사용하는 수처리제입니다. 특유의 냄새는 락스가 반응(살균, 소독)을 할 때 발생
하는 것으로, 냄새가 독하기 때문에 물질의 독성이 가장 강할 것이다 라는 가정은 맞지 않습니다. 식물이 식초를 예를 들 수 있습니다.

- 높은 농도의 락스에 식물을 담궜을 때에 식물이 시드는 것은, 강한 산화성과 액성 때문입니다. 충분히 희석된 물에서는 식물에 악영향을 끼치지
않을 수 있습니다. 종종 원예분야에 종사하시는 분들이 락스를 사용하는 경우가 있습니다. 이는 소량의 락스를 물에 첨가하여, 곰과 작물을 살균
해 보다 건강하게 유지될 수 있도록 하기 위함입니다. 실험에 사용된 락스 희석액의 유효염소 농도는 18배 희석된 약 0.3% 용액으로, 일반적으
로 살균에 사용하는 농도보다는 높은 수준이지만, 사용한 락스의 상태에 따라 보다 적을 수 있습니다.

2번 가설 채택의 이유
- 퐁퐁(주방세제)이나 세탁세제는 계면활성제와 기타 세정에 도움을 주는 여러 성분이 함유되어 있습니다. 특히 주성분인 계면활성제는 액체의
표면장력을 약화시키는 화학물질로, 물에 희석되어도 잘 분해되지 않으며, 유기물에 달라붙어 식물이 영양분을 흡수하는 생화학 작용을 교란하
기 때문에 식물 성장에 악영향을 줄 수 있습니다. 하지만 이것은 세제와 계면활성제가 수생물에 미치는 영향에 대한 매우 단편적인 설명이라는
점을 잊지 말아주세요.

3번 가설 기각의 이유
- 말씀하신 과탄산은 근래에 많이 사용하는 과탄산소다를 말씀하신 것 같습니다. 우선, 과탄산소다를 친환경이라 말하는 이유는 석유 계면활성
제 등이 첨가되어 있지 않은 100% 함량의 단일 성분이기 때문이지, 해당 성분이 전혀 유해하지 않다는 것은 아닙니다.
- 락스와 달리 실험에 사용된 양을 제시해 주지 않아, 답변이 조금 곤란한 부분이 있으나 특징으로만 설명드리도록 하겠습니다. 과탄산소다의
경우, 물과 반응했을 때 과산화수소라는 산화성분을 발생시키고, 산과 반응했을 때 이산화탄소를 발생시킵니다. 만약 락스의 동일량을 희석하여
사용했다면, 과탄산소다 5% 용액으로 꽤나 높은 함량입니다. 과산화수소 락스와 마찬가지로 산화성이 강한 물질이기 때문에, 높은 함량을 가
질 경우 락스보다 더 강하게 영향을 미칠 수 있습니다. 또한 물질의 독성이 크지 않다 하더라도 물 외의 성분이 높은 함량으로 함유될 경우에는
식물이 영양분을 흡수할 수 없어 성장에 영향을 줍니다.

궁금하신 사항에 대해서 충분한 설명이 되었는지 모르겠습니다.
읽어보시고 또 다른 궁금증이 생기시면 언제든지 부담 없이 알려주세요.
남은 방학도 보람차게 보내시길 바라겠습니다.

남은 방학도 보람차게 보내시길 바라겠습니다.

해당 글은 네티즌 사이에 퍼졌고 유한락스를 향한 칭찬이 쇄도했다. '성지순례 왔습니다', '유한락스 입사하고 싶어요' 같은 댓글에 유한락스 측은 일일이 답글을 달았다. 유한락스를 무조건 독성 물질이라고 오해하는 분들에게 어떻게 설명해야 할지 난감하던 시기에 기발한 힌트를 제공받은 것뿐이라고, 좋은 질문을 해준 질문자에게 모든 공을 돌렸다.

## 광고하지 않는 진심

"감염병을 효과적으로 예방하지만 안전한 살균소독법"이 바이럴 되는 것을 보며 마케팅을 업으로 하는 사람 중 일부는 '잘 쓴 공지 하나 열 광고 안 부럽다'라고 했다. 시기 섞인 부러움이었다.

유한락스가 처음부터 바이럴을 목적으로 했다면, 그 글을 홈페이지에 올렸을까? 일평균 방문자가 2,000명도 안 되는 홈페이지 게시판에 줄글을 올리는 게 나을까, 아니면 SNS에 카드뉴스 타입의 이미지를 만들어 올리는 게 나을까?

사람을 향하는 진심에는 기교가 필요 없다. '열 광고'의 기교에는 사람이 없는 경우가 허다하다. '잘 쓴 공지 하나'에는 사람이 있고 인류애가 있었다. 브랜드가 오래 쌓아온 가치관이 하나의 사건을 만나 세상에 드러난 것뿐이다. 필연이다.

진심을 전할 고객이 어디에 있는지 모를 때, 혹은 더 많은 고객에게 진심을 전하고 싶을 때 브랜드는 광고를 한다. 누구라도 봐주길 바라는 심정으로 불을 밝혀둔다. 그 불은 고객이 지나다니는 골목길 가게 간판일지도 모른다. 때로는 전혀 갈 일 없는 지중해 어딘가에 밝혀진 등대일지도 모른다. 그리고 자주 간과한다. 불을 밝힌 행위만으로 진심이 전해질 거라고.

개인 브랜드가 큰돈을 들여 지중해에 등대를 밝힐 일은 흔치 않다. 다행이다.

진심을 전해야 할 대상은 내 브랜드의 문을 열고 들어온 사람이다. 단 한 명에게 진심을 정확하게 전달하는 것이 중요하다. 그래야 흩어지지 않고 감동으로 피어날 수 있다. 그 한 명을 향한 진심이 진정하다고 느껴지면 불특정 다수의 사람들도 감동한다. 그리고 내 브랜드의 문을 열고 들어와 이렇게 말할 것이다.

"성지순례 왔습니다."

**참고 자료**

- "감염병을 효과적으로 예방하지만 안전한 살균소독법", 유한크로락스 홈페이지, 2020.3.2.

- "유한락스 알려주세요", 유한크로락스 홈페이지, 2017.8.18.

- 동해, "그 어떤 마케팅보다 강력한 유한락스의 진심", 브런치, 2020.5.12.

- 조혜승, "'코로나19' 사태 대하는 유한락스의 이유있는 사명감", 〈여성신문〉, 2020.3.13.

- 박웅현, 《책은 도끼다》, 2011, 북하우스.

4부

브랜드
커뮤니케이션
스킬
익히기

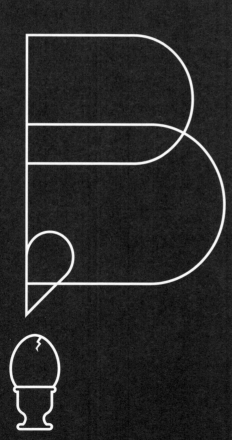

# 16     브랜디드 콘텐츠로서의 글쓰기

**블루보틀**

## 고집스럽게 느린 커피

2019년 5월 3일, 블루보틀의 한국 상륙일. 커피 한 잔을 마시려면 4시간을 기다려야 한다는 소식이 들렸다. 기다림의 이유로 언론 매체들은 400명 넘게 늘어선 인파를 조명했다. 그 이유가 가장 컸던 건 맞다. 그러나 다른 한 가지 이유를 간과했다.

블루보틀은 원래 느린 커피라는 것이다.

클라리넷 연주자였던 제임스 프리먼은 커피광이었다. 공연을 위해 이동할 때도 직접 로스팅한 원두와 핸드드립 도구를 챙겨 다녔다. 비행기에서도 뜨거운 물을 요청해 직접 커피를 내려

마셨다. 그가 커피 비즈니스로 인생 2막을 연 것은 자연스러운 끌림.

연주자 생활을 접은 후 그는 작은 로스팅 기계를 사들였다. 그리고 개개인의 취향에 맞춰 로스팅한 원두를 판매했다. 토요일에는 카트를 끌고 동네 마켓에 나갔다. 커피 메이커로 대량의 커피를 내려놓고 따라주는 방식이 일반적이던 시절, 정성 들여 내려주는 핸드드립 커피를 판매했다. 프리먼식 슬로 커피였다.

사람들은 금세 그의 진가를 알아봤다. 소문을 듣고 찾아와 줄서는 손님이 생겼다. 인기에 힘입어 3년 뒤 작은 매장을 열었다. 블루보틀 1호점이 탄생한 역사적인 날 수익은 고작 300달러에 불과했다. 고집스럽게 슬로 커피를 고수했기 때문이다.


## 커피 맛의 일관성과 블루보틀만의 속도

주문받은 후 원두를 분쇄하고 한 잔을 내리는 데 5분이나 걸려 만들어지는 핸드드립 커피는 이제 글로벌로 판매된다. 2021년 현재 미국, 일본, 한국, 홍콩에 100여 개의 블루보틀 매장이 있다.

사실 명성에 비해서는 소박한 규모. 전 세계 80여 개 국가에 33,000여 개 매장을 둔 스타벅스와는 체급부터 다르다. 그럼에도 블루보틀은 커피 업계에 제3의 물결을 몰고 온 신흥 강자로서 스타벅스를 위협하는 브랜드로 지목된다. 고집스러운 철학의 결과다.

블루보틀의 고집에는 몇 가지 원칙이 있다.

첫째, 바리스타 개개인의 역량에 의존하지 않는다. 철저하게 체계화된 매뉴얼을 통해 맛을 통제한다. 저울로 커피와 물의 분량을 정확히 계량한다.

둘째, 라테와 모카는 12온스 컵, 카푸치노는 8온스 컵만을 사용한다. 가장 훌륭한 맛을 균일하게 제공할 수 있는 크기이기 때문이다. 48시간 이내에 볶은 원두만을 사용하고, 분쇄 원두를 절대로 매장에 두지 않는 건 기본이다.

셋째, 투자 유치를 받으면 품질 향상을 위한 연구와 설비에 집중 투자한다. 블루보틀에서 직접 제작한 드리퍼가 대표적인 예. MIT 출신 엔지니어와 물리학자로 구성된 연구팀이 1년 6개월을 매달려 만들었다.

넷째, 커피 본연의 맛을 즐기는 데 해가 되는 건 모두 없앤다. 블루보틀 매장에는 와이파이와 콘센트가 없다. 고객과 바리스타 사이에 시야를 가리는 것도 없다. 미각뿐만 아니라 모든 감각과 경험이 영향을 끼친다는 철학의 반영이다.

블루보틀 드리퍼
안쪽에 빗살 모양처럼 음각된 40개의 리지(Ridge)로
커피 맛을 균일하고 부드럽게 하는 효과를 줬다.
©블루보틀

핵심은 커피 맛의 일관성과 블루보틀만의 속도.

블루보틀의 원칙하에서는, 서울 블루보틀에서 마시는 싱글 오리진과 오클랜드 블루보틀에서 마시는 싱글 오리진의 맛이 같아야 한다. 블루보틀의 철학을 지키기 위해서라면 오랜 시간이 걸려도 문제 되지 않는다. 핸드드립에 5분이 걸리고 드리퍼 제작에 1년 6개월이 걸려도 괜찮다.


## 느림을 감수하며 지켜낸 정체성

첫 해외 진출로 일본 도쿄 기요스미점을 준비할 때도 그랬다.

다크 로스트 커피를 선호하는 일본인들의 입맛에 블루보틀 커피는 시고 쌉싸름했다. 너무 가볍게 로스팅된 것 같다는 평이 많았다. 난감한 상황.

내부에서도 의견이 갈렸다. 현지화를 하느냐 마느냐의 문제에서 블루보틀은 일관적이게 일관성을 택했다. 지금껏 해온 것처럼 묵묵하게, 훌륭한 품질의 원두로 훌륭한 커피 맛을 보여주기로 한 것이다.

그리고 꾸준히 알렸다. 당신이 지금 마시는 커피가 어디에서 수확한 열매로 만들어졌는지, 어떤 사람들에 의해 어떤 과정을 거쳐 여기로 왔는지 이야기했다. 여러 매체에 보도자료를 뿌리는 대신, 딱 10개의 매체하고만 깊은 대화를 나눴다. 스페셜티 커피 문화를 알렸다. 그것이 블루보틀다움이었다.

블루보틀 경험부문 부사장 이가와 사키는 당시를 이렇게 회상한다.

저와 제임스는 커피 맛을 뿌리째 흔드는 것을 원치 않았어요. 그래서 그저 단순하게 우리가 잘할 수 있는 걸 보여주고 그간 잘 알려지지 않았던 커피 관련 정보를 전달하는 것으로 관점을 바꿔봤어요. 사람들은 매일 커피를 마시지만, 사실상 커피에 대한 지식은 별로 없어요. 저는 그 간극을 메우고, 사람들에게 정말로 특별한 커피인지를 알려주면 새로운 기회가 생길 거라고 믿었습니다. (…) 흡사 여러 개의 작은 점들을 연결하면 직선이 되는 것처럼 이런 개별적인 노력이 경쟁사와는 다른 블루보틀만의 차이를 만들어냈다고 자부합니다.

이후 일본에는 스페셜티 커피를 제공하는 카페와 로스터리가 여럿 생겨났다. 커피 애호가는 물론 대중의 관심과 감각까지 성장한 것.

첫 해외 진출이라는 무거운 과제 앞에서 어떻게 서비스하면 고객의 구미에 맞을지, 어떻게 홍보하면 더 많은 사람이 모일지

미국 샌프란시스코 헤이즈밸리점.
2005년 1월 문을 연 블루보틀 1호점.
차고를 개조하여 만든 키오스크 형태 그대로 유지되고 있다.
©블루보틀

알면서도 타협하지 않았다. 그럼으로써 고객들 곁에 오래 남는 브랜드가 되는 길을 선택했다.

이제 겨우 네 번째 국가에 진출한 커피 브랜드가 8,000억 원이 넘는 가치로 평가되는 이유가 여기에 있다. 상인 정신보다는 장인 정신으로 밀고 나가는 건강한 고집이다.

## 글쓰기에 필요한 속도

일관성과 자기만의 속도는 글쓰기를 얘기할 때도 항상 나오는 키워드다. 브랜더가 자신을 알리는 가장 쉽고 정확한 방법으로 글쓰기만 한 수단이 또 있을까?

"브런치에서 어떤 글이 인기 있나요?"라는 질문을 자주 받는다. 질문에는 '이왕이면 독자들에게 더 많은 반응을 얻을 수 있는 소재로 글을 쓰고 싶다'는 의도가 숨어 있다. 이에 대한 브런치팀의 오피셜한 답변은 "작가님이 쓰고 싶은 글을 써주세요"에 가깝다. 개인적으로도 무척 동의하는 부분이다.

작가주의의 글쓰기와 독자주의의 글쓰기를 무 자르듯 나누기는 어렵다. 할 수 있다면 둘 다 하는 게 정답일 것이다. 중요한 건 순서와 균형.

브랜디드 콘텐츠로서의 글쓰기는 작가에게서 시작된다. 내가 잘할 수 있는 걸 보여주려면 내가 뭘 잘하는지부터 알아야 하기 때문이다. 독자를 고려하는 건 그다음에 해도 늦지 않다.

너무 작가주의에 매몰되지 않고, 또 너무 독자에게만 치중되지도 않는 중간 지점을 찾으려면 훈련이 필요하다. 제대로 훈련하려면 먼저 자신의 기초 체력을 파악해야 한다.

브랜딩 관점에서 글쓰기는 4개의 성장 단계를 거친다.

### 1단계: 탐색기

SNS나 블로그에 자신의 생각을 드러내는 글, 혹은 한 편의 포스팅으로 정보를 담아내는 글 등이 여기에 속한다. 분량이 짧거나 누구나 가볍게 시도할 수 있는 수준. 각종 블로그 서비스와 SNS를 두루 섭렵한 모든 이가 이 단계에 해당한다고 볼 수 있다.

### 2단계: 도전기

처음으로 긴 호흡의 글쓰기를 경험하는 시기다. 이때는 인생에서 가장 임팩트 있었던 경험을 글로 풀어내는 경우가 많다. 기록으로 남겨두고 싶은 욕구의 반영. 첫 해외여행, 어렵게 결정한 퇴사 과정, 결혼과 동시에 바뀐 일상, 매일이 처음 같은 육아 노동, 운명적인 사랑 등이 그러한 임팩트 글쓰기의 단골 소재다.

### 3단계: 훈련기

자신만의 소재 혹은 톤앤매너를 찾아가는 시기다. 임팩트 글쓰기만으로도 충분하다면 이 단계로 넘어오지 않는다. 기록이라는 행위를 넘어 글쓰기 자체에 매료되어 '더 잘 쓰고 싶다'는 욕구가 강해졌을 때 스스로 훈련을 한다. 훈련하는 방법은 제각각. 뭘 써야 할지 갈피를 잡지 못해 방황하거나 포기하는 사람도 많다. 자신만의 훈련법을 찾아낸 이들은 조금 덜 정제된 형태라 하더라도 꾸준히 무언가를 쓰며 성장을 도모한다.

### 4단계: 도약기

훈련기를 통해 자신에게 맞는 글쓰기 감각을 익힌 후에는 더 큰 욕심이 생긴다. 도약기는 특정한 목적을 가지고 기획까지 구체화해서 글을 쓰는 시기. 이때 쓰는 글은 브랜딩에 직결되는 경우가 많다. '저는 좋은 사람입니다'를 말하는 도구로 글을 활용하는 것이다.

흔치 않지만 누군가는 도전기에서 모든 훈련을 끝내기도 하고, 누군가는 탐색기에서 바로 도약기로 점프 업 하기도 한다. 하지만 여기서 말하고자 하는 건, 첫 시도에 훌륭한 글을 써내는 건 결코 쉬운 일이 아니라는 것이다.

당장 핸드드립 기술을 시전하고 싶어도 볶은 원두가 없으면 할 수 없다. 품질 좋은 커피콩을 구매한다 치더라도 원두 볶는 법, 관리하는 법, 분쇄하는 법을 차근차근 배워야 한다.

글쓰기도 스텝 바이 스텝 훈련이 필요하다. 절대적인 시간이 드는 작업이다.

## 글쓰기 도전기에 배우는 것

나의 첫 긴 글쓰기는 쿠바 여행기였다. 전형적인 임팩트 글쓰기 소재다.

여행기라기보다는 고생기였다. 인터넷도 잘 안 터지는 타지에서 돈이 없어서 삼시세끼를 걱정하다가, 어이없는 실수로 새끼발가락까지 골절되면서 겪은 좌충우돌 파란만장 스토리를 22편에 걸쳐 쓰고 브런치북으로 발간했다. 제목은 〈이런 쿠바세끼〉.

쿠바 여행기를 쓰기 전까지 나는 자만심 같은 게 있었다.

'내가 아직 마음을 안 먹어서 그렇지, 쓰기 시작하면 보통 이상은 쓰지 않겠어?'

나름 합리적인 자신감이었다. 사회생활을 시작한 뒤로 일하면서 매일같이 글을 쓰니까. 메일 글쓰기, CS 글쓰기, 기획서 작성도 글쓰기를 베이스로 한다. 어려서부터 쓴 일기장도 수십 권, 블로그 글도 수백 개였다. 게다가 브런치팀에서는 좋은 글에 둘러싸여 살았고, 요구받는 글쓰기 역량도 높아졌다. 하지만 현실은 냉혹했다.

나의 이야기를 하기 위해 브런치에 첫 문장만 적어봐도 알 수 있다.

- 업무적인 글쓰기와 개인적인 글쓰기는 전혀 다르다.

그리고 글 한 편을 써서 발행 버튼까지 누르면 더 많은 걸 알 수 있다.

- 나만 보는 '일기'와 타인이 본다는 전제로 쓰는 '에세이'도 전혀 다르다.
- 블로그에 쓰던 정보성·기록성 '포스팅'과 나의 시선을 담는 '글'도 전혀 다르다.
- '한 편'으로 끝나는 글과 일관된 주제하에 '여러 편'으로 이어

쓰는 글도 전혀 다르다.

모든 작가들이 말하는 진리도 몸소 체험하게 된다. 글은 엉덩이 힘으로 쓰는 거라는 것이다. 일 벌이기 좋아하는 내가 22편의 글을 진득하게 쓸 수 있었던 건 순전히 깁스 덕이었다. 발가락 뼈가 붙기를 기다리는 동안 할 수 있는 일이 글쓰기밖에 없었기 때문이다. (그리고 코로나로 인한 강제 칩거가 이 책을 쓰게 한다.)

## 글쓰기 훈련기를 돌파하는 법

도전기를 무사히 끝내자 자신감이 붙었다. 써보고 싶은 글이 많아졌다. 뇌가 쉬지 않고 가동돼서 아무 때나 글감이 튀어 올랐다. 꿈에서도 글을 썼다. 그러다 깨면 메모장을 열어 꿈에서 쓰던 글을 옮겨 적었다.

문제는 쓰고 싶은 글이 많다는 것. 많아도 너무 많다는 것이었다. 일관성이라고는 찾아볼 수 없는 '아무 글'을 하나로 꿰어 줄 실을 발견할 수 없었다. 훈련기의 늪에 빠졌다.

그러던 중 떠오른 묘책은 바로, '포맷'으로 일관성을 부여하는 것.

〈인터뷰라는 핑계〉 브런치북. 2018년 12월부터 17편의 글을 썼다.

　그즈음 '30일 인터뷰 프로젝트'라는 사이드 프로젝트를 하고 있었다. 30일 동안 매일매일 주변인을 짧게 인터뷰하고 멤버들끼리 공유했다. 그걸 모아서 〈인터뷰라는 핑계〉라는 브런치북을 만들었다.

　인터뷰를 핑계 삼아 각 인터뷰에 연관된 나의 단상을 덧붙인 글 묶음이다. 인터뷰라는 포맷이 딱 버티고 있으니 단상은 어떤 주제든 상관없었다. 일종의 실험이었으므로 글의 완성도에는 매달리지 않았다. 내가 어떤 글을 잘 쓰는지, 어떤 글을 쓸 때 즐거운지를 모르니까 이것저것 다 써보고 나서 다음 스텝을 결정하기로 했던 것.

나에게 가장 쉬운 글쓰기는 지나온 날에 대한 소회였다. 특히 어린 시절에 대해서 쓸 때는 빨리 몰입되고 술술 써진다. 묵혔던 감정을 쏟아내니 정서적으로도 안정감을 얻었다.

반면, 현재를 표현하는 건 어려웠다. 회사 얘기, 일 얘기, 사회적 이슈에 대한 얘기를 쓸 때는 영 진도가 안 나갔다. 하고 싶은 말은 많지만 자기검열에 갇혔다. '동료가 불쾌해하면 어쩌지?', '내가 자칫 회사 기밀을 누설해 버리면 어쩌지?', '아직 내 관점이 무르익지 않은 상태에서 섣불리 글을 발행했다가 후회하게 되면 어쩌지?' 같은 생각에 주저앉았다.

지나온 날은 이미 내 안에서 자기 객관화가 끝났기 때문에 쓰기만 하면 되는 거였다. 그러나 객관화 과정 중에 있는 현재를 쓸 때는 용기가 필요했다. 그럼에도 불구하고 글쓰기를 나의 브랜딩 도구로 활용하려면 반드시 한 번은 돌파해야 하는 과정.

결국 '어려운 걸 하자'로 다짐한 무렵, 출간 제의를 받았다. 용기 내어 수락했고, 지금 그 어려운 걸 하고 있다.

## 글쓰기를 할 때 반드시 상기해야 할 세 가지

누군가 글쓰기 노하우를 물어볼 때마다 말하는 세 가지가 있다.

나 스스로도 늘 상기하는 항목이며, 브런치 작가와 출판사 편집자들이 입을 모아 말하는 팁이다.

첫째, 글쓰기는 훈련이다.

앞서 강조한 내용이다. 글력은 근력이다. 헬스를 한 번도 안 해본 사람이 스쿼 100개를 갑자기 할 수 있을까? 글쓰기를 안 해본 사람이 처음 도전을 했다면 어려운 게 당연하다.

운동량을 늘리듯이 도달 가능한 작은 목표를 세워 하나씩 달성하는 훈련을 해보면 도움이 된다. 길든 짧든 하루에 한 편씩 쓰기, 매주 일요일에 새 글 발행하기, 한 달 동안 n가지 소재로 글쓰기 같은 것. 자신만의 속도로 마감과 목표를 정하는 거다. 그렇게 '쓰는 근육'을 만들다 보면 '흡사 여러 개의 점들을 연결하면 직선이 되는 것처럼' 자신만의 글이 완성돼 있을 것이다. 글쓰기가 어려운 건, 결코 재능 문제가 아니다.

둘째, 필력보다 기획력이 우선이다.

물론 기초적인 필력조차 없으면 곤란하다. '은는이가' 정도는 제대로 써야 한다. 필력이 탁월하면 당연히 플러스 요인이 된다. 하지만 필력에 너무 집착할 필요는 없다. 필력은 글을 이루는 요소 중 하나이지, 글의 전부가 아니다.

글이 좀 엉성하거나 투박해도 괜찮다. 멋부린 글보다 담백한 글을 선호하는 독자도 많다. 아직 훈련이 덜 된 상태라서 지금 당장 최고의 글을 쓸 수 없다면, 나만 쓸 수 있는 글이 무엇일까 고민하는 편을 추천한다.

중요한 건 일관성을 담은 기획. 내가 잘할 수 있는 것을 잘 보여주는 방법을 구상하는 것이다. 책을 쓴다고 가정해 보자. 책 한 권에는 하나의 주제가 있다. 여러 편의 글이 제각각 다른 곳을 보는 것 같아도 그 글들은 전체를 관통하는 하나의 메시지로 꿰어져 있다.

제목(가제여도 좋다)과 기획 의도, 목차를 정리하는 건 기본 중의 기본. 누군가가 "어떤 글을 쓰세요?"라고 물었을 때 한 문장으로 답할 수 있다면 베스트다.

셋째, 공개적으로 써야 한다.

이는 작가들이 열이면 열 입을 모아 말하는 글쓰기 원칙. 브랜디드 콘텐츠로서 글을 활용하고자 할 때도 마찬가지로 강조하고 싶은 항목이다. 서랍에 담아두고 혼자만 보는 글이 있다면, 지금 바로 발행 버튼을 눌러 공개하기 바란다.

《에세이를 써보고 싶으세요?》를 쓴 작가이자 편집자 김은경은 이를 '민들레 홀씨'에 비유했다. 글을 공개한다는 건 민들레 홀씨를 불어서 바람에 날려 보내는 것과 같다는 것이다. 씨앗이 어디로 날아가서 피어날지는 아무도 모른다. 발 없는 글이 천리를 날아가서 어떤 기회를 물어다 줄지도 모르는 것.

2019년 종합 베스트셀러 《90년생이 온다》가 대표적인 사례다. 임홍택 작가는 2012년에 책을 기획했지만 글을 혼자만 가지고 있었다. 그러다 제5회 브런치북 출판 프로젝트에 응모하여 수상한 뒤 종이책이 출간됐다. 꼬박 7년이 걸려 나온 셈. 임홍택 작가가 발행 버튼을 누르지 않았다면, 《90년생이 온다》라는 책은 세상에 존재할 수 없었을 것이다.

글쓰기는 돈이 들지 않는다. 하지만 시간이 든다. 절대적인 시간을 들여야 하는 일에는 어떤 형태로든 보상이 따라야 하는 법. 글쓰기로 보장되는 가장 큰 보상은 브랜딩이다. 지금 어떤 글을 쓰느냐가 내 삶의 다음 스텝과 연결되기 때문. 그것이 자기만족이든 타인의 인정이든 목표는 설정하기 나름이다.

거창한 목표 수립이 어렵다면 이 정도 다짐으로 시작해 봐도 좋겠다.

'민들레 홀씨를 불자.'

**참고 자료**

–    제이오에이치 편집부, 〈매거진 B(Magazine B) No.76: Blue
     Bottle Coffee〉(2019.05), 제이오에이치.

–    김은경, 《에세이를 써보고 싶으세요?》, 2018, 호우.

–    브런치팀, "자기 글을 오픈하는 걸 주저하지 마세요", 브런치,
     2019.8.14.

# 17 솔직한 피드백을 받기 위한 자세

픽사

## 스티븐 킹의 조력자

이야기의 제왕. 원작이 가장 많이 영화화된 작가. 생존해 있는 전설의 작가. 셀 수 없는 작품 수만큼 이름 앞에 붙는 수식어도 많은 작가. 그럼에도 자신의 이름 자체가 모든 수식어를 대변하는 대문호, 스티븐 킹.

그에게도 가난한 소설가 지망생이던 시절이 있었다. 낮에는 가족의 생계를 위해 일하고 밤에는 꿈을 이루기 위해 글을 쓰던 시절이다. 그의 삶을 바꾼 일화는 유명하다.

킹은 어느 날 떠오른 새로운 이야기를 써 내려갔다. 그러나 세 쪽을 쓰고 펜을 멈췄다. 써봤자 소용없는 글이라는 생각이 들었기 때문이다. 이야기는 나쁘지 않았다. 다만, 완성에 이르려면 방대한 분량으로 이야기를 풀어내야 한다는 점이 그의 발목을 잡았다.

당시 그에게 허락된 지면은 성인 잡지의 토막 칸에 불과했다. 잡지 특성만큼이나 자극적인 소설을 짧게 써내야만 했다. 반면 그가 구상한 이야기는 한 권의 책 분량으로 풀어내지 않으면 성공하지 못할 소설이었다.

결과가 불투명한 게임에 시간을 투자할 만큼의 여유가 그에게는 없었다. 지난한 투고 과정을 겪고 싶지 않았다. 결국 세 쪽짜리 소설은 쓰레기통에 처박혔다.

"이 소설에는 무언가 있어요."

쓰레기가 되어 사라질 뻔한 소설을 세상에 꺼낸 건 그의 아내 태비사였다. 원고를 손에 꼭 쥐고 태비사는 간절하게 말했다. 어서 뒷이야기를 읽고 싶다고, 킹을 재촉했다. 망설임 끝에 킹은 생계를 건 도박을 펼쳤다.

그리고 그것은 스티븐 킹의 데뷔작이 되었다. 염력을 가진 소녀 이야기 《캐리》다.

## 정신적 조력자와 이성적 조력자

그저 고마울 뿐입니다. 사람들 앞에 나서기 전에 지퍼가 열렸다고 말해주는 사람이 곁에 있다는 것이요.

_스티븐 킹

  위대한 작가는 홀로 탄생하지 않는다.

  스티븐 킹에게 태비사가 있었던 것처럼, 레이먼드 카버의 가능성을 발굴해 준 편집자 고든 리시, J.R.R. 톨킨의 멘토 C.S. 루이스 등. 우리가 아는 문호들이 만들어낸 명작 뒤에는 숨은 조력자들의 이야기가 있기 마련이다. 그들은 최초의 독자이자 열렬한 팬이고, 선생님이다. 때로는 이정표의 역할을 한다.

  "네 안에는 분명 무언가가 있다"라고 말해주는 진심 어린 믿음에는 형용할 수 없는 힘이 있다. 쓰레기통에 처박혔던 사람도 살려내는 괴력이다.

  대중에게 노출된 개인 브랜드 입장에서 조력자의 존재감은 절대적이다. 어떤 형태로든, 숨어 있든 드러나 있든, 조력자 없이 홀로 선 브랜드를 나는 알지 못한다. 어쩌면 당연한 이치 같다. 내가 신뢰하는 이에게조차 신뢰받지 못한다면 세상 그 누구에게도 진정한 신뢰를 얻기란 힘들 테니까.

하지만 모든 조력자가 옷매무새를 점검해 주는 건 아니다. '내가 무엇을 하든 믿어주고 응원해 주는 사람'과 '지퍼가 열렸다고 솔직하게 말해주는 사람'은 같은 사람일 수도 있고, 다른 사람일 수도 있다. 이는 정신적 조력자와 이성적 조력자의 차이.

정신적 조력자는 주로 마음의 문제를 해결해 준다. 어떤 옷을 입든 멋지지 않을 리가 없다고 말해준다. 옷일랑 신경 쓰지 말고 사람들에게 하고 싶은 이야기를 다 펼치고 오라고 응원해 준다. 진심 어린 믿음으로 자신감을 불어넣어 준다.

이성적 조력자는 현실의 문제를 해결해 준다. 내가 가장 멋지게 보일 수 있는 옷을 같이 골라준다. 무테보다 뿔테 안경이 낫다고 조언해 준다. 내가 하고 싶은 이야기 중 사람들이 특히 공감할 만한 대목, 좀 덜어내도 될 대목이 어디인지 구체적으로 말해준다.

어느 쪽이든, 조력받을 수 있는 환경을 만드는 건 나 자신. 세 쪽짜리 소설이라도, 썼으니까 쓰레기통에 처박힐 수 있었던 것이다.

## 픽사를 만든 피드백 시스템

픽사 애니메이션 스튜디오 창립자 에드 캣멀은 말했다.

**"픽사의 모든 영화는 초기 단계에서는 더럽게 형편없다."**

더럽게 형편없는 상태에서 괜찮은 상태로 '작품을 개선하는 것'이 픽사 직원들의 일이다.

그 임무를 수행하기 위하여 픽사는 브레인트러스트(Braintrust)라는 집단 지성 메커니즘을 활용한다. 브레인트러스트는 제작 중인 작품을 평가하는 회의다. 픽사 직원들은 몇 달에 한 번씩 모여 자신들의 작품을 공개하고, 동료들의 작품에 솔직한 피드백을 전달한다. 말하자면 제도화된 '솔직한 진단 받기' 시스템이다.

〈토이 스토리〉 시리즈, 〈벅스 라이프〉, 〈몬스터 주식회사〉, 〈니모를 찾아서〉, 〈인크레더블〉, 〈카〉, 〈라따뚜이〉, 〈월-E〉, 〈업〉, 〈메리다와 마법의 숲〉, 〈인사이드 아웃〉, 〈코코〉 등 우리가 아는 세계 최고의 애니메이션 작품들이 모두 픽사의 브레인트러스트를 거쳐 탄생했다.

브레인트러스트에서 의견을 받으려면 먼저 '스토리 릴'을 만들어야 한다. 각본을 스토리보드로 제작한 다음 임시 음성과 음악을 집어넣고 편집한 스토리보드 그림을 보여주는 것. 90분짜리 스토리 릴을 만들기 위해 약 1만 2천 장의 그림을 그린다.

브레인트러스트는 1회에 그치지 않는다. 피드백을 받고 보완하는 과정이 반복된다. 통상 최종 결과물에 쓰이는 것보다 열 배 정도 많은 스토리보드 그림을 그리게 되는 셈. 필연적으로 작품 퀄리티가 꾸준히 향상되는 구조다.


## 브레인트러스트의 피드백 원칙

픽사의 창작 원칙 첫 번째는 '스토리가 왕이다(Story is king)'이다. 따라서 브레인트러스트도 스토리를 중심으로 운영된다. 스토리를 결정할 때 스토리 외의 요소가 영향을 끼칠 수 없게 한다. 가령, 픽사의 자부심인 기술력이나 캐릭터의 상품화처럼 굉장히 중요해 보이는 요소도 브레인트러스트에서는 스토리보다 중요한 가치가 될 수 없다. 오로지 스토리를 위하여 참석자들은 좋은 의견서(픽사는 그것을 'good note'라고 부른다)를 전한다.

핵심은 솔직함이다. 감정이 상하지 않게 솔직한 피드백을 하는 방법은 다음과 같다.

2003년 〈니모를 찾아서〉 회의 중. ⓒ픽사

첫째, 감독을 향해 피드백하지 않는다. 피드백은 작품을 향해야 한다. 훌륭한 작품을 만드는 데 기여한다는 생각으로 건설적인 비평을 내놓는 것이다.

둘째, 상호 보완의 관계에서 신뢰를 바탕으로 피드백한다. 복잡한 역학 관계나 경쟁 관계, 신뢰가 의심되는 관계에서 나오는, 존중과 배려 없는 피드백은 유효하지 않다.

셋째, 잘못된 부분이나 미흡한 요소가 있으면 그것에 대하여 구체적인 의견을 말한다. 단, 감독에게 행동을 요구하거나 지시하는 형태로 말하지 않는다. 나서서 해법을 제시하지도 않는다. 동료에게 영감을 주고 싶다는 마음으로 부드럽게 제안한다. 해법을 찾아내는 것은 피드백을 전한 사람이 아니라 피드백을 받아들일 당사자의 몫이라는 걸 모두가 잘 알고 있기 때문이다.

## 나의 브레인트러스트

나에게는 '초안클럽'이라는 이름의 브레인트러스트가 있다. 나만의 콘텐츠를 만들고 싶어 하는 6인이 각자의 초안을 나누는 모임이다.

우리는 격주에 한 번씩 화상으로 만난다. 돌아가며 초안을 짧게 발표하고 길게 피드백을 나눈다. 발표는 5~10분 사이로 타이트하지만, 피드백은 20~30분을 훌쩍 넘긴다.

초안은 훗날 글이 될 수도 있고, 그림이 될 수도 있고, 강연, 굿즈, 유튜브, 음악, 비즈니스 등등 무엇이든 될 수 있다. 아무튼 초안인 게 중요하다. 날것이어도 좋으니 부담이 없다. 초안은 피드백을 먹고 자란다.

모임 1회 차에 나는 이 책의 기획 의도를 발표했다. 2회 차에는 목차를, 3회 차에는 오래 고민하던 글 한 꼭지의 구상을 꺼내놓고 의견을 받았다. 이윽고 4회 차에는 실제 초안 글을 보여줬다. 완전한 날것이었다. 부끄럽지만 설레고 숨고 싶지만 마주하고도 싶은 양가적인 마음이었다. 매회, 멤버들은 정성 들여 의견을 전해주었다. 그로부터 얻은 용기와 영감은 이 책의 곳곳에 직·간접적으로 녹아들어 있다.

## 피드백 요청자의 자세

'피드백을 주고받는다'는 관점에서 초안클럽은 사실 특수한 환경이었다. 피드백을 받고 싶은 사람들끼리 그런 모임을 조직할 수 있으면 가장 이상적이겠지만, 현실은 녹록지 않은 법. 나를 드러낼 수 있는 용기를 낸다 한들 누구에게나 '좋은 의견서'를 받을 수 있는 것도 아니다.

피드백을 '잘' 받고 싶다면 요청의 기술이 필요하다.

첫 번째 기술은, 사전 준비 과정에 있다.

브레인트러스트에서 약 1만 2천 장의 그림을 그려 스토리 릴을 만드는 것처럼, 초안클럽에서 5~10분 내외의 발표 자료를 준비하는 것도 피드백을 잘 받기 위한 기초 과정이었다. 엄청난 달변가가 아닌 이상 타인에게 나의 아이디어를 잘 보여주려면 최소한의 준비가 필요하다. 밑그림이든 완성본이든, 좋은 의견서를 받으려면 보이는 결과물을 제공해야 한다.

다음 할 일은, 피드백을 받고 싶은 대상에게 허락 구하기다.

사람들은 생각보다 남 일에 관심이 없다. 여기서 '남'은 바로 나. 갑자기 원치 않는 충고를 받았을 때 언짢은 것처럼, 갑자기 피드백을 요구하면 상대가 당황하거나 부담스러워할 수도 있다는 걸 염두에 둬야 한다. 아무리 가까운 사람이라 하더라도 말이다. '나를 위해 시간과 에너지를 써주세요'라는 요청은 공손해야 한다.

상대의 의향을 확인했다면 본격적으로 리뷰에 돌입한다.

이때 필요한 건 배려다. 내 생각만 두서없이 전달해 버리고 '아무 피드백이나 주세요'라는 식이면 곤란하다. 먼저, 상대방이 큰 그림을 이해할 수 있도록 아이디어의 타이틀이나 콘셉트를 명료하게 말하자. 나의 경우, 이 책의 절반 분량을 완성했을 때 지인의 피드백을 수집하기 위해 다음과 같은 정보를 전달했다.

- 제목: 나는 나를 브랜딩합니다 (가제)
- 키워드: 퍼스널 브랜딩
- 분야: 경제경영 또는 자기계발
- 타깃: 퍼스널 브랜딩을 해야 한다는 건 알겠는데 어떻게 해야 할지 모르겠다고 말하는 예비 브랜더
- 콘셉트: 좋은 기업 브랜드에서 발견한 인사이트를 개인 브랜드에 적용해 보는 실험
- 분량: 책의 2분의 1 (목차 및 이미지 포함 A4 65페이지)

영화를 보기 전에 예고편을 보거나 포털 사이트에서 기본 정보를 찾아보듯, 피드백을 줄 상대에게 기본 정보를 전하는 것이다.

그리고 가장 피드백받고 싶은 부분이 무엇인지 미리 말하는 게 좋다. 혼자만 고민했을 때는 어느 지점이 어려웠는지, 특별히 의견 청취하고 싶은 부분이 어디인지 짚어주는 것이다. 이성적 조력자를 만났을 때 이 기술은 폭발적인 시너지를 낸다. 좋은 의견서를 주기 위해 그 질문을 계속 상기할 것이기 때문이다.

그리고 마지막으로 유의할 점이 있다.

피드백을 받는 동안 말을 끊지 않고 경청할 것. 작품과 자신을 동일시하지 않고 객관적인 관점을 유지할 것. 피드백은 감사

히 받되, 결국 선택은 나의 몫이라는 것을 잊지 않기.

아무리 좋은 의견서도 의견일 뿐, 그것이 결코 정답이라고는 할 수 없다. 그래도, 고마운 마음은 꼭 표현하기로 하자.

**참고 자료**

- 최동민, 《작가를 짓다》, 2018, 민음사.

- 에드 캣멀, 에이미 월러스 저 / 윤태경 역, 《창의성을 지휘하라》, 2014, 와이즈베리.

# 18

# 유혹적이지만 저항해야 할 피드백

**에어비앤비**

## 최선의 오답

만화가 L은 10년 넘게 그림을 그렸다.

오래 커리어를 쌓아온 만큼 많은 팬들에게 사랑받고 있으며 콘크리트 팬층도 단단하다. 팬들을 위해 그는 연례행사로 굿즈를 만들어 판매한다. 자신의 주인공 캐릭터를 활용한 굿즈다.

한번은 굿즈 제작 단계에서 지인들에게 의견을 물었다.

"A안과 B안 중에 뭐가 더 인기 있을 것 같아요? 올해는 베이지 같은 차분한 톤도 시도해 볼까 하는데 어때요?" 같은 질문이었고, 나는 성심을 다해 의견을 전했다.

그리고 얼마 후 굿즈 판매가 시작되고 나서 나는 무척 머쓱해지고 말았다. 보기 좋게 틀린 보기만을 고른 것이다.

"A안이 훨씬 좋아요!"라는 내 의견과는 다르게 B안이 압도적으로 많이 팔렸다.

"베이지는 너무 밋밋한 것 같은데, 좀 비비드한 컬러를 추가해 보면 어때요?"라고 말했으나 팬들은 베이지에 열광했다.

오답의 원인은 타깃에 있었다.

사실 나는 캐릭터 굿즈를 사본 적이 별로 없다. 그래서 매년 L의 굿즈를 기다리는 팬들의 마음을 짐작만 할 뿐, 자세히 알지 못한다. L의 지인이기는 하나 L이 만드는 굿즈의 타깃은 아닌 것이다. 그럼에도 최선을 다해 조언한답시고 나의 개인적인 취향을 들이밀었다. 아기자기한 팬시 굿즈의 세계에서 "컬러풀한 버전의 몰스킨처럼 만들어보면 어때요?" 하고 눈치 없이 떠든 격.

다행히도 L은 팬들의 마음에 쏙 드는 보답을 했다. 나의 말보다 팬들의 말을 더 귀담아들었던 모양이다.

만약 나의 최선으로 인해 L이 A안을 훨씬 많이 제작했다면 어떻게 되었을까? 베이지를 버리고 블루와 그린, 쨍한 오렌지 컬러까지 추가했다면? 매년 유지해 온 아기자기한 분위기를 버리고 몰스킨풍을 지향했다면?

상상만 해도 미안해진다.

## 100명이 바꾼 서비스

하나의 서비스가 만들어지기까지 주위 사람들은 수많은 조언을 던진다. 더구나 그 서비스가 스타트업이라면 조언을 가장한 거절과 조롱도 난무한다. 사업 1년 차에 기사회생으로 첫 투자를 받았던 에어비앤비(Airbnb)도 그랬다.

당시 에어비앤비의 고객은 100명 남짓. 상상 초월의 거절과 조롱 탓에 자신감이 바닥에 떨어져 있던 세 창업자에게 100은 초라한 숫자였다. 하지만 눈 밝은 투자자 폴 그레이엄의 생각은 달랐다.

**서비스가 괜찮다고 여기는 고객이 100만 명 있는 것보다 서비스를 사랑하는 100명의 고객이 훨씬 낫습니다.**

관건은 그 100명의 고객이 서비스를 사랑하게 만드는 것이었다.

당시 그들이 일하던 곳은 마운틴뷰. 100명의 고객이 있는 곳은 뉴욕이었다. 서쪽 끝에서 동쪽 끝으로, 에어비앤비 창업자들은 비행기로 6시간 거리를 주말마다 왕복했다. 자신들의 사이트를 통해 예약하고, 고객의 집에서 숙박하며 고객의 이야기를 들었다.

책상 앞에서는 배울 수 없었던 교훈이 거기에 있었다. '에어베드앤브렉퍼스트(AirBed & Breakfast)'라는 이름을 걸고 시작한 사업을 면밀히 돌아보았다.

초창기 에어비앤비는 호스트가 반드시 '에어베드'와 '브렉퍼스트'를 제공해야 한다는 룰이 있었다. 일반 침대가 있어도 그 위에 에어베드 매트리스를 깔아야 예약을 받을 수 있었고, 아침 식사를 제공하지 못하는 환경이면 아예 예약을 받을 수 없었다. 에어베드앤브렉퍼스트라는 서비스명을 하늘처럼 따라야 했다.

뉴욕을 오가면서 창업자들은 그 두 가지 규정을 과감히 없앴다. 집의 일부 공간만 빌려줘야 한다는 규정도 없앴다. 집 전체를 빌려주는 옵션을 추가했다.

급기야 확장 가능성을 가로막는 서비스명까지 버렸다. 그리고 '에어비앤비'라는 새 이름을 올렸다. 100명의 고객들이 내놓은 피드백이 터닝 포인트가 되어 사업의 포텐이 터졌다.

에어비앤비의 변화와 발전을 지켜보며, 에어베드앤브렉퍼스트를 '괜찮다'고 여기던 고객들은 에어비앤비를 '사랑하는' 고객이 되었다. 이용자 수가 폭발적으로 늘어나는 건 자연스레 따라오는 결과였다.

AirBed & Breakfast 시절의 에어비앤비. ⓒTechcrunch

## 1,000명의 진정한 팬

에어비앤비의 성장 스토리는 "1,000 True Fans" 이론과 닿아 있다. 2008년에 등장해 콘텐츠 업계에서 엄청난 지지를 받은 글로, 개인 창작자에게 1,000명의 진정한 팬이 있으면 창작 활동만으로도 먹고살 길이 열린다는 이론이다.

해당 글의 필자 케빈 켈리는 창작자와 팬을 이렇게 정의했다.

창작자란 예술가, 음악가, 포토그래퍼, 공예가, 공연가, 애니메이션 창작자, 디자이너, 영화 제작자, 작가처럼 작품을 창작하는 사람이다. 그 창작자가 무얼 만들든 몽땅 사주는 사람이 진정한 팬이다.

팬들은 창작자가 노래하는 모습을 보려고 300킬로미터를 운전해 달려간다. 저해상도 버전의 작품을 이미 가지고 있어도 최고급 고해상도 버전이 나오면 또 사들인다. 창작자 이름으로 구글 알리미를 설정한다. 사인본 도서를 소장하고 있다. 그리고 다음 작품이 나오기를 애타게 기다린다.

그런 열성적인 팬이라면 월급에서 하루 치 정도는 창작자를 위해 기꺼이 지불한다는 게 켈리 이론의 전제다. 팬 1명이 1년에 100달러를 쓴다고 가정하면 1,000명의 팬이 모였을 때 연간 100,000달러를 벌 수 있다. 한화로 1억 원이 넘는 수익.

켈리는 또 하나 조건을 단다. 이는 절대 수치가 아니며, 요건에 따라 필요한 팬 수가 달라질 수 있다는 것이다. 예컨대 화가라면 500명으로 충분할지도 모른다. 반면 영화 제작자라면 5,000명이 필요할 수 있다. 나라와 지역에 따라서도 다를 수 있다. 어쨌든 골자는 진정한 팬이어야 한다는 것.

이후 크라우드 펀딩 서비스가 등장하고 성공을 이루면서 켈리의 이론은 콘텐츠 업계에 전설로 남았다.

최근에는 "1,000명도 필요 없다. 100명에게 시도해 보라"는 의견이 나왔다.

"1,000 True Fans? Try 100"이라는 글의 필자 리진은 1,000명에게 100달러가 아니라 100명에게 1,000달러를 버는 방법을 제시했다. 진정한 팬 중에서도 소비력이 높은 최상위층의 '슈퍼 팬'을 공략하면 더 적은 수의 팬으로도 먹고살 수 있다는 말이다. 물론 그만큼의 퀄리티 상향을 전제로 말이다.

중요한 건 1,000명이냐 100명이냐 하는 숫자가 아니다.

두 이론은 모두 '히트 치지 않고도 먹고살 수 있는 방법'에 주목한다. 잠깐 반짝이다 사라질 베스트셀러를 목표로 하는 것이 아니다. 유명과 무명 사이 어딘가에서 지속 가능하려면 누구를 만족시켜야 하는가 고민한 결과 팬이라는 답을 얻은 셈.

바꿔 말하면 이는 나라는 브랜드에 동참하길 원하는 서클 멤버와도 같다. 그들이 원하는 바를 확실하게 만족시킬 때 브랜드는 지속 가능성의 힘을 얻는다.

## 3명에서 290만 명으로

에어비앤비의 시계를 거꾸로 돌려보자.

에어베드와 아침 식사를 80달러에 제공하겠다는 장난스러운 아이디어에 최초로 지갑을 연 고객은 단 3명이었다. 그때 그들은 3명을 만족시키기 위해 최선을 다했다.

그때에도 이러쿵저러쿵 참견하는 사람들은 존재했다. 그러나 참견자는 그들이 만족시켜야 할 고객이 아니었다. 만약 참견자들의 말에 귀 기울였다면 에어비앤비가 지금처럼 세계적인 브랜드로 성장할 수 있었을까? 고객이 100명으로 늘어났음에도 불구하고 '겨우 100명'이라고 여겼던 시절에 제대로 마음을 다잡지 않았다면?

3명의 고객을 만족시키고, 100명의 고객에게 사랑받게 된 에어비앤비는 2020년 현재, 전 세계에 290만 호스트를 보유한 빅 브랜드가 되었다.


## 1명의 최소유효청중

마케팅의 대가 세스 고딘은 '최다가능청중'이 아니라 '최소유효청중'을 위해 노력하라고 말한다.

가능한 많은 고객(최다가능청중)을 대상으로 삼으면 거절당하기 십상이다. "싫어요"라는 합창에 귀가 멍해질 것이다. 이런 피드백은 직접적이고, 감정적이며, 구체적일 것이다. 수많은 거절을 당하다 보면 억지로 끼워 맞추려고 모서리를 깎아내게 된다. 끝까지, 누구보다 잘 맞추려고 노력하게 된다. 하지만 저항해야 한다. 당신의 제품은 거절하는 사람들을 위한 것이 아니다. 적지만 당신의 세계관에 동조하고 열광하는 고객(최소유효청중), 애초에 당신을 섬기려고 했던 사람들을 위한 것이다.

_세스 고딘, 《마케팅이다》

우리는 주변으로부터 너무 많은 '충·조·평·판'을 듣는다. 좋은 의도로 전해진 충고와 조언이라서, 전문가의 평가와 판단이라서 귀 기울인다. 그것은 내가 L에게 했던 것처럼 위하는 마음이 담긴 피드백일 때 가장 유혹적이다. 하지만 냉정해져야 한다.

지금 당신에게 피드백하는 그 사람은 사실 당신의 브랜드에 별 관심이 없다. 당신이 노래하는 모습을 보려고 300킬로미터를 운전해 달려가 줄 사람이 아니다. 당신을 위해 월급의 하루치는커녕 1시간 페이도 지불하지 않을 것이다.

그럼에도 저항해야 할 피드백을 구별하기 어렵다면 이렇게 자문해 보자.

"지금 나에게 피드백하는 사람이 내가 만족시켜야 할 대상인 가?"

"지금 나는 나의 서클 안에 있는 1명의 최소유효청중을 만족 시키고 있는가?"

"혹시 최다가능청중을 만족시키려는 이타심에 흔들리고 있 지는 않은가?"

## 참고 자료

– 레이 갤러거 저 / 유정식 역, 《에어비앤비 스토리》, 2017, 다산북스.

– Kevin Kelly, "1,000 True Fans", kk.org, 2008.5.4.

– Li Jin, "1,000 True Fans? Try 100", 〈Andressen Horowitz〉, 2020.2.6.

– 세스 고딘 저 / 김태훈 역, 《마케팅이다》, 2019, 쌤앤파커스.

# 19

# 네거티브한 피드백에도
# 가라앉지 않는 브랜드

마켓컬리

## 소비의 기쁨과 슬픔

아침. 졸린 눈을 비비고 일어나 현관문을 연다. 새벽을 달려온 마켓컬리 샛별배송을 맞이하기 위해서다.

간밤에 주문한 식품들을 신선한 상태 그대로 냉장고에 옮겨 담는다. 베이글, 마스카르포네 치즈, 카야 잼, 아보카도는 브런치 용. 짜장면, 짬뽕, 팟타이 등을 직접 만들어 먹을 수 있는 밀키트도 잊지 않는다. 계란, 우유, 버터를 사용하지 않은 순 식물성 빵과 라면, 유기농 표고버섯과 각종 채소, 토종 콩으로 만든 두부도 주문한다. 올해부터는 주 1회라도 채식 생활을 하기로 다짐하고 '목요 채식'을 하고 있는데, 컬리 덕분에 건강하게 채식 지향 삶을 살고 있다.

나를 위한 먹거리에 가치를 두는 1인 가구에게 마켓컬리는 최고의 장터다. 일상이 바쁜 탓에 오프라인 장보기는 물론 온라인에서도 여러 군데 돌아다니며 장보기가 여의치 않은 현대인. 그럼에도 건강한 식사를 포기할 순 없으므로 식재료를 고를 때면 누구보다 신중한 사람. 믿을 수 있는 먹거리를 편안하게 받아볼 수 있다면 기꺼이 지갑을 여는 사람들이 마켓컬리의 핵심 타깃이다.

좋은 품질에 대한 선호도가 높은 고객들을 위해 마켓컬리는 건강한 먹거리를 만드는 생산자를 발굴한다. 매주 상품위원회를 열어 입점 상품을 깐깐하게 결정한다. 먹거리가 고객의 식탁에 오를 때까지 최상의 신선도를 유지하기 위해 온라인 업계 최초로 식품 전용 냉장/냉동 창고를 구축했다. 상품 패키징까지 냉장/냉동 창고에서 이루어지는 풀 콜드 체인 시스템하에 샛별배송이 이루어진다. 밤 11시까지 주문 완료된 상품을 다음 날 아침 7시까지 고객의 집 앞에 배달한다.

마켓컬리에 느끼는 만족감은 식품을 다루는 다른 온라인 업체들에 비해 단연 높다. 그런데 그 만족감과는 별개로 언제부턴가 마켓컬리를 이용하는 횟수가 줄었다. 마켓컬리만이 아니다. 온라인에서 무언가를 소비하는 행태 전반에 망설임이 끼어든 것.

온라인 소비에는 필연적으로 생활 쓰레기가 발생한다. 택배 상자나 에어캡 봉투, 겉 포장에 붙은 배송장과 박스 테이프, 주 문한 물건이 담겨 있는 1차 포장재와 완충재. 냉동/냉장 식품을 주문한 경우에는 아이스팩도 딸려 온다.

코로나 시국에 집에 있는 시간이 늘어난 뒤로 대부분의 소비 를 온라인에서 해결하자 쓰레기 양이 눈에 띄게 늘었다. 꼼꼼하 게 분리 배출을 하더라도 쓰레기는 쓰레기. 내 몸 하나 건사하려 고 지구를 병들게 하고 있다는 생각에 죄책감이 밀려왔다.


## 소비자의 죄책감을 줄여주기 위한 도전

2019년 9월 마켓컬리 유튜브에 업로드된 영상 "All Paper Challenge: 지구를 위한 도전"은 김슬아 대표의 인터뷰로 인트로를 연다.

"'마켓컬리가 포장재에 신경을 쓰지 않는다' 그래서 '환경 파 괴의 주범이다' 이런 얘기, 인터넷에서 많이 봤었고요"라고 말하 면서 "음……" 하고 머뭇거린다. 그리고 이내 "그냥 너무 고생한 생각이 나서……"라며 멋쩍게 웃으면서 컬리가 개발한 종이 박스를 어루만진다.

　김슬아 대표는 자신이 하는 가장 중요한 일과로 'VOC 확인'을 꼽는다. 담당 부서가 따로 있지만, 고객의 마음이 어떻게 변화하고 있는지 세밀하게 관찰하는 건 대표도 꼭 해야 하는 일이라는 것. 그게 마켓컬리를 계속 트렌디한 브랜드로 이끌어나갈 수 있는 유일한 방법이라며, 아침에 일어나서 자기 전까지 VOC를 본다. MD의 KPI가 매출이나 상품의 품질이 아니라 'VOC 해결 역량'인 것도 마켓컬리가 VOC를 얼마나 중요하게 생각하는지 알 수 있는 부분이다.

　사실 진정한 제로 웨이스트를 실현하고자 한다면, 소비자가 직접 발품을 팔아 소비하는 방법이 가장 확실하다. 반찬 통과 장바구니를 들고 시장에 가면 어떤 쓰레기도 만들지 않고 두부 한 모를 사 올 수 있다. 하지만 그 두부 한 모가 온라인 주문을 통해 집에 도착하기까지는 수많은 쓰레기가 생산된다. 온라인에서 식품을 판매하는 기업이 진정한 제로 웨이스트를 실현하기란 불가능하다는 말이다.

　완벽한 답이 없는 상황에서도 최선을 다해 최적의 답을 찾으려고 노력하는 기업도 고객들에게 노력의 실체를 보여주기 전까지는 VOC를 받을 수밖에 없다. 그중에는 공격적인 보이스가 섞여 있을 수도 있다.

기업 브랜드도 사람이 만드는 것이기에 찔리면 아프다. 실제 사정은 모르지만, 김슬아 대표의 머뭇거림에서 칼날 돋친 말을 감내해야 했던 아픈 시간들이 느껴졌다.

마켓컬리도 과거에는 여느 식품 배송 업체들처럼 냉장 식품과 냉동식품을 배송할 때 스티로폼 박스를 사용했다. 하지만 수많은 시도 끝에 냉장 식품의 보랭력을 유지시키는 종이 박스를 개발했다. 에코박스 V2였다.

반응은 폭발적이었다. 여전히 냉동식품은 스티로폼 박스에 배송되고 있었지만, 환경을 생각해 노력하는 컬리를 향해 많은 사람이 공감과 지지를 보냈다.

연구에 박차를 가한 마켓컬리는 모든 포장재를 종이로 변경하는 '올페이퍼 챌린지'를 시행했다. 냉동 스티로폼 박스를 종이 박스로 변경하는 것은 물론, 비닐 파우치와 지퍼백을 종이 파우치로, 박스 테이프도 종이 테이프로, 비닐 완충재도 모두 종이 완충재로 바꿨다.

올페이퍼 챌린지 시행 이후 1년 동안 4,000톤의 스티로폼과 831톤의 비닐 사용량을 감축했다. 종량제 봉투에 버려야 하는 젤 아이스팩도 100퍼센트 워터 아이스팩으로 변경해 1만 4,248톤

올페이퍼 챌린지. ⓒ마켓컬리

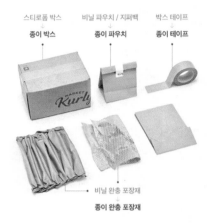

의 일반 쓰레기를 줄였다.

무엇보다 의미 있었던 건, 부자재까지 모두 종이로 변경한 온라인 사업자가 거의 없었을 때 시장에 선한 영향력을 퍼뜨렸다는 점이었다. 컬리가 시작한 올페이퍼 챌린지의 긍정적인 자극으로 비용이 좀 더 들더라도 친환경 포장재를 택하는 기업이 늘어났다.

## 아직도 남아 있는 챌린지

하지만 이러한 결과가 완전하다고는 할 수 없다.

어떤 이들은 여전히 '포장 때문에' 마켓컬리를 이용하지 않는다. 가장 큰 불만은 3개의 제품을 주문했는데 3개의 종이 박스가 온다는 것. 제품마다 각각 상온 박스, 냉장 박스, 냉동 박스에 나누어 담는 원칙 탓이다. 종이가 다른 소재들보다 재활용률이 높은 건 맞지만(90퍼센트에 달한다), 박스부터 부자재까지 너무 많은 종이 포장재가 쌓여서 버리기 힘들다는 불만도 나온다.

이를 해결하는 방법으로는 재활용이 아닌 '재사용', 분리 포장이 아닌 '합 포장'이 있다. 올페이퍼 챌린지 프로젝트 과정에서 컬리도 재사용과 합 포장에 대해 연구했다. 하지만 만족스러운 답을 찾지 못했다.

합 포장을 하면 품질을 담보할 수 없다. 냉동식품은 배송 시 −18도, 냉장 식품은 5도를 유지해야 한다. 성질이 다른 두 식품을 한 번에 담으면 어느 한쪽이 변질될 가능성이 높다. 냉동 만두와 딸기를 같이 담을 경우 딸기가 소비자를 만나기 전에 냉해를 입거나 만두가 모두 녹을 수 있다는 것이다.

플라스틱 등으로 만든 다회용 박스나 보랭 백도 테스트해 봤다. 이 경우 최소 130회를 사용해야 '정말 친환경적으로 사용했다'는 계산이 나왔다. 그러나 아무리 튼튼하게 만들어도 130회를 채 사용하기 전에 파손되거나 변형될 우려가 컸다. 또한 아무리 깨끗하게 세척해도 위생 문제로부터 자유로울 수 없다는 점도 리스크. 식품에서 위생은 기본 중의 기본이고 고객의 건강에 직결되는 문제다.

식품을 다루는 마켓컬리가 '종이'라는 답에 도달한 건 어찌 보면 필연이었다.

오랜 연구 끝에 재사용 대신 재활용을, 합 포장 대신 분리 포장을 택했지만 아직은 완전한 개선이 아니다. 또한 식품에 직접 닿는 1차 포장재는 여전히 여느 몰처럼 친환경적이지 않은 경우가 많다. 입점 판매자의 포장재까지 완벽히 통제하기는 어렵기 때문이다. 컬리는 그들을 위해 친환경 상품 패키지에 대한 자료와 자문을 제공해 1차 포장재까지 친환경 소재로 바꿔가기 위한 노력을 해나가겠다고 밝혔다.

마켓컬리가 정말로 '지속 가능'하려면 지속적으로 해결해 나가야 할 문제임에 틀림없다. 노력하고 변화하는 브랜드 마켓컬리의 넥스트 스텝을 기대한다.

"All Paper Challenge: 지구를 위한 도전" 영상 중.
다회용 박스와 보랭 백을 연구했지만 결국 종이를 택했다.
냉동식품용 종이 박스를 개발하기 위해 103번의 테스트와
1,550번의 온도 모니터링을 진행했다.
©마켓컬리

## 네거티브한 피드백 관리하기

2년 반에 걸쳐 지속 가능한 포장재를 개발하고 개선했지만 마켓컬리는 여전히 현재 진행형이다.

　고객들이 바라는 문제 해결도 중요하지만, 온전한 해결이 이루어지기까지 계속 이어질지 모를 네거티브한 피드백을 관리하는 것도 브랜드에게는 중요한 일이다.

　죽은 자들의 세상을 아름답게 그린 애니메이션 영화 〈코코〉. 포털 사이트에서 〈코코〉를 검색하면 이런 베스트 댓글이 보인다.

**먼저 떠난 우리 아들도 저렇게 멋진 데서 잘 지내길…… 평생 기억할게 꼭 다시 만나자.**

　이 댓글에는 2만 2천 개가 넘는 '좋아요'가 있다. 그리고 500개가 넘는 '싫어요'도 있다. 눈을 의심케 하는 숫자다. 도대체 어떤 이유로 싫어요를 눌렀을까? 손가락이 미끄러진 숫자일까?
　번역가 황석희는 '통상적으로 인구의 4퍼센트는 소시오패스'라는 글을 봤다면서 〈코코〉의 베스트 댓글을 언급한다. 소시오패스 비율로 따지면 싫어요가 900개쯤 되어야 한다며, 그보다 적은 수임을 다행으로 여겨야 하는지 혼란스러워한다.

세대 불문 슈퍼스타 '테스형' 나훈아는 그 비율을 더 높게 본다. 슈퍼스타라면 일반 대중 가운데 30퍼센트는 싫어하는 사람이 있다고 한다. '너나 나나 다 좋아하는 사람은 슈퍼스타가 아니라 그냥 스타'라며 '싫어하는 사람 30퍼센트가 있어야 좋아하는 사람들이 미칠 정도로 좋아한다'는 것.

꼭 슈퍼스타가 아니어도 나를 싫어하는 사람은 어디에나 있을 수 있다. 모든 사람이 나를 좋아해 줄 순 없다.

그래서 주변의 훌륭한 브랜더들에게 물어봤다. "혹평/악플 같은 네거티브한 피드백에 대처하는 자신만의 노하우가 있나요?" 답 하나하나가 유익했다.

- 나를 이유 없이 좋아해 주는 사람이 있듯이 나를 이유 없이 싫어하는 사람도 있을 수 있다는 걸 항상 염두에 둬요.
- 좋은 피드백이나 댓글을 도토리처럼 모아두고 그걸 더 많이 기억하려고 노력해요.
- 악플이 달리면 GD의 ⟨One of a Kind⟩ 노래 가사 중 "아 잘나가서 아 죄송해요~"를 부르면서 그냥 지워버려요.

- 영화 속 대사들을 상기해요. "나 좀 그만 보고 너를 봐"(〈삼진 그룹 영어토익반〉), "넌 박살 낼 줄만 알지, 무언가를 만들어낼 줄 모르잖아"(〈싱스트리트〉) 같은 거요.
- 너무 심한 악플을 받은 날이면 예쁜 옷 입고 나가서 머리를 하고 맛있는 음식 먹고 기분 전환을 하고 돌아와요.
- '나를 잘 몰라서 하는 말이네~' 하고 무시해 버려요. 나에게 쏟은 시간과 정성이 무색해지도록.
- 악플은 본인이 말을 걸지 않으면 존재하지 않는 가오나시 같은 거라고 생각해요.
- "그렇게 생각할 수도 있다니 신기하네요!" 하면서 해맑게 대꾸해요. 다수의 의견이 아니라 꼬인 소수의 무례한 의견이라는 걸 알려주려고요.
- '기분 좋지 않은 일이 있나 보네'라고 생각해 버리거나, 그런 일이 있는지 직접 물어봐요.
- 좋은 신호라고 생각해요. 의도했던 메인 타깃을 벗어나서 더 많은 사람에게 알려졌기 때문에 나올 수 있는 의견이니까요.
- 이불 뒤집어쓰고 환불원정대의 〈Don't Touch Me〉를 완창해요. 그럼 집 나간 자존감이 머리채 잡혀서 돌아오더라고요.

덧붙여, 내가 나를 보호해야 하는 상황이 생기지 않도록 건강한 피드백 문화를 만드는 노력도 필요하다. 가능한 한 좋은 점부터 발견하려고 노력하고, 발견했을 때 당사자가 '도토리'를 모을 수 있도록 말해주는 것. 무례한 행동을 하는 사람을 그냥 지나치지 않고 그것이 '꼬인 소수'의 무례함임을 말해주는 것이다.

가령, 여성 유튜버에게 콘텐츠 내용과는 아무 상관 없는 얼평 댓글이 달렸을 때. 댓글 작성자는 '예쁘다고 해주면 기분 좋겠지?'라고 생각했을 수 있다. 그게 칭찬이 아니라 무례함이 담긴 부적절한 평가라는 걸 누군가는 지적해 줘야 한다. 소수의 나쁜 사람들 때문에 다수의 좋은 사람들과 좋은 의견이 묻히지 않도록 말이다.


## T 자형 인재의 피드백 분별법

T 자형 인재라는 말이 있다.

다양한 분야를 폭넓게 알고 있는 제너럴리스트(─)이면서, 특정 분야에는 깊이 있는 전문성과 지식을 갖춘 스페셜리스트(l)의 면모를 갖춘 사람. 오늘날 조직에서 가장 필요로 하는 인재이며, 미래의 관리자로서 적합한 유형이라고 평가되는 인재상이다.

T 자형 인재의 개념을 '브랜드'와 '피드백'에 대입해 보면 이렇게 해석할 수 있다.

좋은 피드백이든 나쁜 피드백이든 두루두루 청취하다가, 해결해야 하는 피드백을 발견했을 때 깊이 파고들어 반드시 해결하고야 마는 브랜드.

브랜더에게 피드백은 성장을 위한 동력이다. '달면 삼키고 쓰면 뱉는' 대상일 수 없다. 단것은 무조건 삼켜도 좋다. 쓴 것 중에는 뱉어야 할 것과 삼켜야 할 것이 섞여 있다. 성장을 저해하는 피드백이면 뱉고, 성장을 도와주는 피드백이면 삼키면 된다.

그리고 중요한 한 가지. 안면도 없는 사람이 지나가다가 던진 말이 쓰다면, 그냥 뱉자. 입 안에 오래 둘 필요 없다.

**참고 자료**

- 김난도, 《마켓컬리 인사이트》, 2020, 다산북스.

- "지속 가능한 포장재 개발·개선", 마켓컬리 홈페이지.

- 마켓컬리, "All Paper Challenge: 지구를 위한 도전", 유튜브, 2019.9.25. https://www.youtube.com/watch?v=s6PjhQQc4Jg

- 황서영, "'올페이퍼 챌린지' 시행 1년… 마켓컬리, 4831톤의 플라스틱 절감", 〈식품음료신문〉, 2020.10.22.

- 황석희, "https://www.instagram.com/p/CIQjERFlfj_/", 인스타, 2020.12.1.

- 오효진, "오효진의 인간탐험 – 가장 비싼 가수 나훈아 『프로는 연습이다』", 〈월간조선 뉴스룸〉, 2002.1.10.

# 20 '내가 뭐라고'라는
## 함정에서 벗어나기

**클럽하우스**


## 글 입스의 실체

야구 드라마 〈스토브리그〉를 보면서 생각했다. 야구를 글쓰기로
치환하면 내 꼴이 딱 입스(Yips) 걸린 유민호 선수 같다고.

입스는 스포츠계에서 쓰는 용어로, 실패에 대한 두려움으로
몹시 불안해하는 증세를 말한다. 그 불안의 정도가 매우 커서 선
수 생명에 직결되는 치명적인 결과로 나타나기도 한다. 골프 선
수가 퍼팅을 못 하고, 체조 선수가 덤블링을 못 하며, 야구 선수
가 배팅을 못 하는 등 입스를 극복하지 못하고 은퇴하는 선수들
이 있을 정도. 심리적 요인이 신체 기능을 장악해 버린 것이다.

〈스토브리그〉의 유민호 선수도 그랬다. 유망주로 불릴 만큼

잘 던지는 투수였는데, '잘해야 한다'는 압박감에 짓눌려 던졌다 하면 똥볼. 힘껏 던져도 볼넷으로 타자를 연이어 보내주다가 마운드를 터덜터덜 내려온다.

이 책을 쓰는 동안 나도 그랬다. '잘 써야 한다'는 압박을 스스로 집어먹고는 썼다 하면 똥글. 말하자면 '글 입스'에 걸렸었다.

처음에는 단순히 글쓰기 슬럼프인 줄 알았다. 다음에는 나의 재능을 의심했다. 글을 이렇게나 못 쓰면서 출간 계약을 하다니, 출판사에 너무 죄송했다. 면목이 없었다.

하지만 입스에 대해 알고 나니 조금 희망이 보였다. 입스는 슬럼프와 비슷해 보이지만 치료가 필요한 병증으로 분류된다. 잘 치료하면 나아질 수도 있는 거였다.


내 병을 제일 잘 아는 내가 내린 진단은 '상대적 박탈감'.

24시간 대부분이 괴로웠지만(꿈에서조차 괴로웠다), 특히 타인의 성취를 마주할 때 괴로움이 짙어졌다. 시기나 질투의 감정과는 달랐다. 사돈이 땅을 사면 배가 아프다던데 나는 배가 아프기는커녕 '땅을 사다니 정말 대단하다!'며 단전부터 축하하는 마음이 끓어오르는 편. 사돈을 향한 축하는 진심이다.

다만 그런 사돈의 성취에 빗대어 나의 성취를 평가하면서 자존감을 깎아먹었다. 심한 경우 '내가 뭐라고 책을 쓰나' 하는 생각에 사로잡혀 땅굴을 파고 들어갔다.


## 상대적 박탈감의 실체

상대적 박탈감은 1949년 미국의 사회학자 새뮤얼 스토퍼가 쓴 논문에서 처음 사용된 용어다. 그는 연구를 위하여 미국 육군에 소속된 헌병대와 항공대를 대상으로 질문을 하나 던졌다.

"능력 있는 군인이 육군에서 장교로 진급할 기회가 있는가?"

응답 결과는 무척 상이했다. 헌병대는 다수가 '그렇다'라고 응답한 반면 항공대는 '그렇지 않다'라고 응답한 것. 흥미로운 건, 현실은 그 반대였다는 점이다. 당시 헌병대는 진급이 늦은 부대였고 항공대는 진급이 빠른 편에 속했다. 현실과 다른 응답 결과를 스토퍼는 상대적 박탈감 때문이라고 해석했다.

개인은 주변의 공동체 구성원을 비교 대상으로 삼으며, 개인의 행복은 비교 대상이 되는 타인과 비교하여 자신이 더 유리하다고 생각되면 상대적으로 만족하는 것이고, 반대로 자신이 불리하다고 생각되면 상대적으로 불만을 갖게 된다. 결국 행복은 상대적인 것이다.

또 다른 사회학자 로버트 머튼은 그 대상을 준거집단, 즉 '레퍼런스 그룹'이라고 정의했다. 레퍼런스 그룹은 '개인이 자신의 신념, 태도, 가치, 행동 방향을 결정하는 데 기준으로 삼고 스스로를 동일시하는 사회집단'. 따라서 내가 누구를 기준으로 삼느냐에 따라 상대적 박탈감을 느낄지 만족감을 느낄지가 결정된다는 말이다.

## '아는 것'과 '하는 것'의 차이

나의 레퍼런스 그룹에는 창작자들이 있다. 자기만의 방식으로 자기만의 콘텐츠를 생산해 내는 창작자도 있고, 기민한 통찰력으로 시류를 만들어낸 창작자도 있다. 또한 나의 레퍼런스 그룹에는 제작자들도 있다. 어떤 콘텐츠가 흥할지, 앞으로 어떤 키워드가 주목받을지 그들은 동물적인 감각으로 짚어낸다. 그리고 브랜드로 살아가는 개인들도 있다. 퍼스널 브랜딩을 어떻게 해야 되는지 잘 모르겠다고 말하지만 누구보다 훌륭한 브랜더의 면모를 보여주는 사람들이다.

그런 이들과 대화를 나누거나 SNS로 삶을 들여다보는 게 일이며 일상인 나는 저절로 안목이 높아졌다. 글을 쓰지 않고도 글에 대해 박식해졌고, 쓰기에 돌입하기만 하면 될 정도로 글 소재가 넘쳐났다. 아는 대로만 행하면 베스트셀러 하나쯤 뚝딱 써낼 수 있을 것 같은 기분이다가도 그게 얼마나 어려운 일인지까지 잘 아는 환경에 사는 걸 감사했다.

그러나 막상 내 글을 쓰는 입장이 되어보니 사정이 달라졌다.

'아는 것'과 '하는 것'은 하늘과 땅 차이였다. 미생물과 공룡의 차이이고 사막과 바다의 차이였다. 부모와 자식의 차이이고 낮과 밤의 차이였다.

인풋이 쌓이면 저절로 안목이 생겨난다. 좋은 걸 많이 봄으로써 좋은 걸 알아보는 눈이 생기는 거다. 그러나 실력은 그렇게 얻어지지 않는다. 직접 아웃풋을 내면서 '노오력'을 해야 조금씩, 아주 조금씩 쌓인다. 그래서 안목의 속도를 따라잡기가 쉽지 않다.

이 지점에서 불행이 발생한다. 내 실력은 자갈밭을 구르고 있는데 안목은 아우토반을 질주하는 중이라면? 꿈이 높아서 현실을 시궁창으로 살기 십상.

노오력해서 보통 수준의 글을 써내도 눈에 차지 않아 똥글이라 치부하고, 눈에 차는 글을 쓰려다가 힘이 잔뜩 들어가는 바람에 진짜 똥글을 써내는 고초를 겪게 된다. 남의 글에 감 놔라 대추 놔라 잘만 평가하던 패기는 사라지고 모든 글이 위대해 보인다. 나에겐 왜 이런 통찰력이 없는지, 내 필력은 왜 이 모양인지 비교하며 사사건건 괴로워한다. 꿈에 가까운 완성품이 아니기에 공개할 수도 없다. 그러니 애꿎은 도자기만 수십, 수백개를 깨뜨린다.

하얀 저고리 입은 도자기 장인의 고고함이 내가 원하던 나의 브랜드 이미지는 아니었는데 말이다.


## 기회의 땅을 연 신생 SNS

내가 도자기 깨뜨리기를 반복하고 있을 때, 대한민국 모바일 시장은 클럽하우스(Clubhouse) 열기로 뜨거웠다.

실리콘밸리의 스타트업 알파익스플로레이션에서 개발한 클럽하우스는 음성에 기반을 둔 새로운 형태의 SNS. 지난해 클럽하우스는 거물 투자자 a16z로부터 1,200만 달러를 유치, 1억 달러(약 1,100억 원)의 밸류에이션을 받았다. a16z의 평가만으로 이미 세간의 주목을 받던 상황에서 최근 새로 나온 밸류에이션은 10억 달러(약 1조 1,000억 원). 1년도 안 돼 회사 가치가 10배로 커졌다. 에어비앤비, 우버만큼의 유니콘 스타트업이 등장한 것이

2021년 2월, 클럽하우스 홈페이지.
채용 정보, 블로그, 가이드라인 등 최소한의 정보만을 담고 있다.
안드로이드용 앱은 아직 개발 중이고
아이폰 운영체제인 iOS 앱만 출시된 상태다.

Hey, we're still opening up but anyone can join
with an invite from an existing user!

Sign up to see if you have friends on Clubhouse who can let you in.
We can't wait for you to join!

다. 게다가 트위터, 페이스북, 인스타그램을 잇는 거대 SNS가 될 것이라는 전망이 시장을 떠들썩하게 만들었다.

현시점의 기사에는 '10개월 만에 300만 명의 사용자를 모았다'고 하나, 이 글이 읽히고 있을 때는 훨씬 더 많은 사람이 클럽하우스에서 목소리를 내고 있으리라 예측된다.

클럽하우스에서는 누구든지 채널을 개설할 수 있다. 그리고 어떤 채널에서든 손을 들어 발언할 수 있다. 모더레이터(중재자 및 관리자)가 될지, 스피커(발언자)가 될지, 오디언스(청중)가 될지 스스로 선택할 수 있다. 그리고 스피커가 되면 평범한 사람도 연예인, 경영자, 정치인, 크리에이터 등의 유명인과 한 무대에서 대등하게 의견을 주고받을 수 있다. 모두에게 열려 있는 기회의 땅인 셈이다.


## 클럽하우스에서 요구되는 자질

클럽하우스를 둘러싼 해석이 분분한 가운데 서비스 취지를 고려한 순기능을 살펴보면, UX상에서 기회를 연결하려는 의도가 보인다. (2021년 2월 기준.)

먼저 홈에 해당하는 채널 목록에서 채널명, 참여자와 스피커 수, 그리고 그중 내가 팔로우한 사람들 이름이 일부 보인다. 채널에 대한 정보가 제한적이므로 그 안에서 누가 어떤 이야기를 나누고 있는지 알고 싶으면 직접 들어가야 한다.

채널 안에서도 스피커의 프로필 이미지와 이름만을 보여준다. 프로필을 직접 눌러 확인하지 않는 한 지금 말하고 있는 스피커의 팔로워가 몇 명인지, 어떤 이력을 가졌는지 알 수 없다. 자연히 이야기를 먼저 듣게 되는 구조.

후광 효과에 영향받지 않고 누군가의 의견을 들을 수 있다는 건, 반대로 나 또한 있는 그대로의 나로서 타인 앞에 나설 수 있다는 뜻이다. 클럽하우스에서는 아주 작은 용기만 있으면 얼마든지 무대에 참여해 마이크를 쥘 수 있다. 바로 손바닥 버튼을 누르는 용기다.

상하로 나뉜 UI 구조상 무대에 '오르는' 것처럼 보이지만, 모든 사람에게 열려 있는 무대라는 점에서 사실상 '참여하는' 시스템이라 할 수 있다. 소비자 관점에 머물러 있는 상태가 '아는 것'이라면 직접 생산자가 되어보는 경험은 '하는 것'. 클럽하우스는 아는 것에서 하는 것으로 넘어가는 진입 장벽을 확실히 낮췄다.

클럽하우스에서는 한 명의 스피커가 연설하는 것보다는 여러 명의 스피커가 대화를 나누는 방식이 더 적절하다. 따라서 기존의 인플루언서 시장에서 요구되었던 자질과는 다른 시스템으로 동작한다. '잘 노는' 사람(스피커)보다 '잘 놀게 해주는' 사람(모더레이터)이 훨씬 주목받는 구조.

그리고 '어떤' 말을 하는지보다 '어떻게' 말하는지가 섬세하게 캐치된다. 화려한 언변을 자랑하는 사람도 멋지지만 고유한 분위기를 가진 사람, 무엇보다 타인을 배려할 줄 아는 사람이 훨씬 더 매력적으로 다가오는 것이다. 말의 기교보다 대화에 임하는 태도가 매력의 척도가 되는 셈. 이때 태도는 결코 영향력에 비례하지 않는다.

이는 매우 미묘하지만 중요한 문제다. 누군가의 전시된 모습만을 보고 선망하거나 박탈감을 느끼던 환경과는 사뭇 다른 경험이기 때문이다.

브런치 작가 타인의 청춘은 클럽하우스를 사용한 지 5일 만에 스피커들의 인품이 보였다고 말하면서 미국의 사회심리학자 앨버트 메라비언의 연구 결과를 인용했다. '대화 중 상대방의 이미지는 목소리가 38퍼센트, 표정이 35퍼센트, 태도가 20퍼센트를 차지하며 대화 내용은 7퍼센트만을 차지한다'는 것이다.

클럽하우스에서는 표정이 보이지 않으므로, 표정에 해당하는 클럽하우스 iOS 앱 설치 화면.
클럽하우스는 커뮤니티 기여도가 높은 사용자의 얼굴을 앱 아이콘에 넣는다.
사진 속 인물은 클럽하우스의 두 번째 얼굴이었던 뮤지션 보마니 엑스(Bomani X).
©클럽하우스

35퍼센트를 제외하고 백분율을 다시 계산하면 다음과 같이 재정의할 수 있다.

클럽하우스에서 대화 중 상대방의 이미지는 목소리가 58퍼센트, 태도가 31퍼센트, 대화 내용이 11퍼센트를 차지한다.

나는 태도에 훨씬 더 큰 비중을 두고 싶지만, 이 연구 결과에서 눈여겨봐야 할 부분은 '대화 내용은 크게 중요하지 않다'는 사실이다.

행여나 '내가 뭐라고'라는 생각으로 손바닥 버튼 누르기를 주저했다면, 용기 내어 눌러보기를 추천한다. 글이 써야 느는 것처럼 말도 해야 느는 법. '잘 말해야 한다'는 압박도 내려놓기를 권한다. 대화 내용은 크게 중요하지 않다.

## '내가 뭐라고'라는 함정에서 벗어나는 법

(주의: 아래 글에는 스포일러가 포함돼 있습니다.)

〈스토브리그〉의 유민호 선수는 드라마답게 입스를 극복했다.

유민호의 입스 증세는 갈수록 심각해져서 타자가 때릴 수조차 없는 공만 던지는 지경에 이르렀는데, 감독은 그런 유민호에게 마운드에 오를 기회를 준다. 역시나 똥볼만 던지며 풀이 죽은 유민호에게 코치가 가서 미션을 전달한다.

타자를 삼진으로 잡아라. 그걸 못 하겠으면 홈런을 맞아라.

삼진 아웃시킬 기력이 없었던 유민호는 시원하게 홈런을 얻어맞았다. 그 모습을 관중석에서 지켜보던 구단 프론트 팀원들이 말한다.

"유민호 선수, 공 얻어맞은 거 오랜만이네요."

"앞으로 많이 얻어맞을 겁니다."

예언처럼 그 뒤로 유민호는 안타며 홈런이며 계속해서 얻어맞는다. 실점이 쌓이는데 팀원들의 얼굴에는 미소가 만연하다.

"이제 스트라이크를 던질 수 있으니까 안타를 얻어맞는 거죠."

"스트라이크를 던질 수 있어야 삼진도 잡을 수 있는 거고요."

"정면 승부를 못 해서 던진 볼넷보다는 우리 수비수들이 막을 수도 있으니까 스트라이크를 던져서 안타를 맞는 게 나아요."

"유민호 선수도 이제 한 스텝 밟은 겁니다."


지난 1년 동안 나도 홈런 얻어맞을 각오로 열심히 글을 던졌다. 스트라이크 존을 향해 던지는 연습이라 생각하고, 출판사에서 막아주리라 믿고 안타고 홈런이고 뼁뼁 얻어맞았다. 그러는 동안 글 입스는 사라졌다. 거짓말처럼.

그렇게 나도 한 스텝 밟은 거다.


겸손은 성장을 낳는다. 모르는 게 많으니까 더 배워야 한다는 자세가 된다. 그렇게 자라나는 브랜더를 나는 무척 동경한다. 그러나 한편으로는 겸손이 지나쳐 스스로에게 엄격해지는 걸 경계할 필요가 있다고 본다. 자칫하면 자기검열에 갇히거나 '내가 뭐라고'라는 함정에 빠지기 쉽기 때문이다.

평범한 사람에게 필요한 건 대단한 지식인의 목소리가 아니다. 유명인, 권력자, 엘리트의 목소리도 아니다. 나보다 조금 더 아는 사람, 나보다 먼저 해본 사람의 목소리다. 잘하지 않아도 괜찮다. '나도 잘 모르지만, 이런 시도를 해보았다' 정도로도 충분하다.


누구나 목소리 낼 수 있는 사회가 되어야 누구나 살 만한 세상이 온다. 우리 모두 브랜드가 되어야 하는 이유다. 브랜더 한 명의 용기가 다른 브랜더에게 전염되고, 또 전염된다. 더 나은 세상을 만드는 데 일조한다.

이제 우리 손바닥 버튼을 누를 정도의 용기로 목소리를 내자.

"오늘부터 나는 브랜드가 되기로 했다"라고 말하자.

그렇게 같이 한 스텝 밟아보는 거다.

**참고 자료**

- "상대적 박탈감", 두산백과.

- 차우진, "클럽하우스 아이콘은 왜 뮤지션일까?", 차우진의 드래프트 브리핑, 2021.2.7.

- 차우진, "클럽하우스의 키워드—목소리, 커뮤니티, 탈중앙화", 차우진의 드래프트 브리핑, 2021.2.12.

- 타인의 청춘, "비관론자의 클럽하우스 장단점, 활용팁 총정리", 브런치, 2021.2.11.

- 〈스토브리그〉 12화, SBS, 2020.1.31.

# 시대의 흐름에 반응하는 올바른 감각

2019년 말에 패션 이코노미(Passion Economy)라는 개념을 접했다. 긱 이코노미(Gig Economy)에 이어 패션 이코노미가 미래의 일하는 방식이 될 거라는 예견이었다.

긱 이코노미에서 수익 창출의 원료는 개인의 시간과 노동력이다. 우버 드라이버처럼 플랫폼을 통해 건당 계약으로 일하는 방식을 생각하면 쉽다. 패션 이코노미는 개인의 개성과 창의성으로 굴러간다. 크리에이터라 불리는 유튜버가 대표적인 사례다.

지금은 유튜브가 누구나 돈 벌 수 있는 유일한 플랫폼처럼 보이지만, 이도 머지않았다. 플랫폼 시장은 발전하고 있다. 2055년이 되면 전 세계 노동자 10명 중 6명이 플랫폼을 통해 일할 거라는 전망이 나온다. 플랫폼의 다양화는 개인의 활동 반경을 무궁무진하게 넓혀줄 것이다. 기업의 피고용인으로 '월급'을 받는 인구보다 플랫폼에서 '정산'을 받으며 살아가는 인구가 더 많아질지도 모를 일.

만년 직장인인 나는 불안해졌다. 연말 성과 평가나 걱정할 때가 아니었다. 매도 먼저 맞는 게 낫다고, 망할 땐 망하더라도 하루라도 빨리 퇴사해서 뭐라도 시작해야 될 것 같았다. 퍼스널 브랜딩이 뭔지도 모르면서 '꼭 해야 한다'고 믿고 집착했던 이유가 여기에 있다.

나의 개성과 창의성을 발굴해야 한다는 불안, 그것을 상품화해야 한다는 불안, 어떤 플랫폼에든 판매해야 한다는 불안이 이 책을 쓰게 했다. 그러나 책을 쓰면서 역설적이게도, 그러지 않아도 괜찮다는 걸 알게 됐다.

지금 불안한 사람들은 변화를 예민하게 캐치하는 사람들이다. '아는 것'에 만족하지 않고 '하는 것'으로 연결하는 능동적인 사람들이다. 시대의 흐름에 반응하는 올바른 감각을 지닌 사람들이다. 그런 이들의 미래가 위태로울 리 없다. 올바른 길로 가고 있으니 나아지는 일만 남았다. 다만 시간이 좀 걸릴 뿐이다.

자기계발 목적의 강연이나 책에는 '고민하지 말고 일단 시작하라'는 말이 자주 등장한다. 불안을 동력 삼아 부각된 퍼스널 브랜딩도 '일단 시작'으로 부터 자유롭지 못하다.

신중한 사람들은 조급해진다. 고민에 많은 시간을 들이는 자신이 미련하게 느껴진다. 빠르게 실천하는 사람들을 부러워한다. 그러다 상대적 박탈감에 번민하기도, 자신감을 잃기도 한다.

내가 그랬다. 불안해하고 자책하고 괴로워했다. 심지어 책을 쓰는 동안에도 불안했다. 원고를 다 쓸 즈음엔 나라는 브랜드를 정의할 수 있을 줄 알았는데, 여전히 나는 내가 어렵다. 하지만 조바심내지 않고 믿어주기로 했다. 나에게는 나만의 속도라는 게 있는 거니까, 아무래도 나는 고민을 더 해야겠다. 그게 나답다.

UX 설계를 할 때 Customer Journey Map(고객 여정 지도)이라는 걸 그리곤 한다. 고객이 프로덕트를 발견하는 것부터 첫 진입, 첫 클릭, 프로덕트 탐색 과정 등을 그리면서 효과적인 사용자 경험을 만든다.

브랜딩은 브랜드와 ing의 결합이다. ing는 과정이다. 어떤 과정에 나를 데려다 놓느냐를 고민하는 것부터 브랜딩이다. 책을 쓰는 과정에서 나는 최소유효청중인 나를 위해 지도를 그렸다.

지도는 얼마든지 수정될 수 있다. 수정되어야 마땅하다. 브랜딩은 어디에 도달하거나 정의하는 것이 아니기 때문이다. 오늘 10킬로미터를 걷기로 결심했어도 아름다운 풍경은 감상해야 하고, 매력적인 사람을 만나면 머물러야 한다. 따라서 나의 여정에는 마침표가 없다.

우리 각자의 여정을 즐기다가 어느 날 우연히 만나자. 어떤 여정을 지나왔는지, 지나고 있는지 이야기를 나누자. 그날을 기대하며 나는 좀 더 본격적으로 브랜더로서의 여정을 즐겨보려 한다.

2021년 3월

브랜더 김키미

# 오늘부터 나는 브랜드가 되기로 했다

**초판 1쇄 발행** 2021년 4월 9일
**초판 13쇄 발행** 2022년 9월 15일

**지은이** 김키미
**펴낸이** 권미경
**기획편집** 박주연
**마케팅** 심지훈, 강소연, 김재영
**디자인** [★]규
**펴낸곳** (주)웨일북
**출판등록** 2015년 10월 12일 제2015-000316호
**주소** 서울시 서초구 강남대로95길 9-10, 웨일빌딩 201호
**전화** 02-322-7187 **팩스** 02-337-8187
**메일** sea@whalebook.co.kr **인스타그램** instagram.com/whalebooks

ⓒ 김키미, 2021
**ISBN** 979-11-90313-85-8  03190

소중한 원고를 보내주세요.
좋은 저자에게서 좋은 책이 나온다는 믿음으로, 항상 진심을 다해 구하겠습니다.